马克思主义经典著作解读丛书

Makesi Zhuyi Jingdian Zhuzuo Jiedu

主编 / 王为全

唯物史观的第一次系统阐述

《德意志意识形态》
解　读

刘秀 ◎ 编著

中国出版集团

现代出版社

图书在版编目(CIP)数据

唯物史观的第一次系统阐述：《德意志意识形态》解读／刘秀编著. —北京：现代出版社，2016.1（2025.1重印）

ISBN 978 - 7 - 5143 - 1547 - 9

Ⅰ. ①唯… Ⅱ. ①刘… Ⅲ. ①《德意志意识形态》- 马恩著作研究 Ⅳ. ①A811.21

中国版本图书馆 CIP 数据核字（2014）第 106559 号

作　　者	刘　秀
责任编辑	王敬一
出版发行	现代出版社
通讯地址	北京市安定门外安华里 504 号
邮政编码	100011
电　　话	010 - 64267325 64245264（传真）
网　　址	www.1980xd.com
电子邮箱	xiandai@ cnpitc.com.cn
印　　刷	三河市嵩川印刷有限公司
开　　本	700mm×1000mm　1/16
印　　张	12
版　　次	2016 年 1 月第 1 版　2025 年 1 月第 3 次印刷
书　　号	ISBN 978 - 7 - 5143 - 1547 - 9
定　　价	48.00 元

前　言

19 世纪 40 年代，在工业革命推动下，资本主义生产力迅猛发展，工人阶级却每况愈下，社会矛盾的不断激化，工人为争取权益的斗争由自发的经济斗争逐步转向有组织的政治斗争。欧洲三大工人运动——英国宪章运动、法国里昂工人起义和德国西里西亚工人起义，标志着工人阶级作为一支独立的政治力量登上历史舞台。但是，由于缺乏科学理论的指导，西欧的工人运动均告失败。因此，为指导无产阶级斗争取得胜利，迫切需要反映他们利益，代表他们主张的革命理论。这一时期，德国纯粹思想领域发生了激烈的变革，针对德国的哲学思想的纯粹思辨色彩，马克思和恩格斯首次系统地阐述历史唯物主义的基本原理。在《德意志意识形态》（以下简称《形态》）中表明他们的见解与德国哲学的意识形态的见解是根本对立的，彻底清算他们从前的哲学信仰。

《形态》通过分析青年黑格尔派从绝对意识出发把人类社会看作宗教史或精神史，以及旧唯物主义（主要是费尔巴哈的人本主义）仅仅停留在经验层面，缺少历史生成视野，批判了其唯心主义的本质，系统地阐述唯物主义历史观。马克思恩格斯从物质生产实践出发探索人类社会发展规律，对无产阶级的历史人物和实现共产主义进行科学论证。通过对当时流行于德国的所谓"真正的"社会主义或"德国社会主义"的分析批判，揭示这种社会主义的虚假性，表达他们对科学社会主义的认识。

《德意志意识形态》写作的直接动机，日本学者广松涉进行了详细考证，采纳俄罗斯学者巴加图利亚的判断。他认为接触《维干德季刊》第三卷是马克思和恩格斯撰写《德意志意识形态》的直接契机。1845年夏天，费尔巴哈发表文章公开宣称自己是"共产主义者"。9月，"真正社会主义者"发表了一批著作，特别是10月中旬青年黑格尔派的两个代表人物鲍威尔和施蒂纳在《维干德季刊》第三卷上刊登了文章攻击马克思和恩格斯。阅读了《维干德季刊》第三卷后，当时在布鲁塞尔彼此住得很近的马克思、恩格斯、赫斯三人决定对青年黑格尔派进行反批判。马克思和恩格斯把青年黑格尔派的攻击比作是"宗教徒对异教徒的审判"，于是他们共同撰写了《莱比锡宗教会议》的小册子，反击青年黑格尔派的攻击。

马克思在过去的著作中曾引用过费尔巴哈的一些术语，为了不致引起误会，以为马克思同费尔巴哈对人类社会的认识持一样的观点，马克思、恩格斯决定对费尔巴哈的机械唯物主义进行批判，进而阐明自己科学的唯物主义历史观。马克思在《形态》中明确指出费尔巴哈的旧唯物主义与马克思的辩证唯物主义的区别，并指出了费尔巴哈机械唯物主义的缺陷。马克思、恩格斯撰写《形态》不仅仅是为了同青年黑格尔派进行一场哲学论战，他们旨在阐明自己的理论观点，清算以前的哲学信仰。因为马克思和恩格斯在指导工人斗争的过程中对人类社会的认识逐渐走向成熟，特别是马克思、恩格斯生活在资本主义生产迅猛发展的时期。马恩通过现实地考察资本主义生产方式，发现物质生产以及物质利益关系在现实生活中的基础地位，进而发现人类社会发展的一般规律，于是马恩合写了《德意志意识形态》一书，阐明他们科学的唯物史观。可以说正是在与青年黑格尔派的直接论战中，马克思和恩格斯阐述了自己与德意志意识形态哲学家们的区别，阐明了历史唯物主义的观点。

　　《德意志意识形态》是马克思和恩格斯继《神圣家族》后共同撰写的第二部著作，于1845年秋开始到1846年5月结束。其中第一卷第一章延续到1846年8月，而且由于种种原因最终都没有完成。《形态》共两卷，第一卷是"对费尔巴哈、鲍威尔和施蒂纳代表的现代德国哲学的批判"，第二卷是"对各式各样先知所代表的德国社会主义的批判"。第一卷包括一个序言和三章。第二卷除一个序言外，共五章，第二、三章的手稿丢失，现只剩下第一、第四和第五章。

　　第一卷除序言外，三章标题分别为费尔巴哈、圣布鲁诺和圣麦克斯。序言概括了青年黑格尔派的核心观点，阐明写作目的。第一章通过具体批判了费尔巴哈和以青年黑格尔派为代表的德国哲学家，划清了同唯心主义历史观的界限，系统地阐述了唯物史观的基本原理，科学地论证了实现共产主义的必然性。第二章和第三章分别是对鲍威尔和施蒂纳的批判。第一卷包括一个序言和三章。第二卷除一个序外，共五章，第二、三章的手稿丢失，现只剩下第一、第四和第五章。

　　这里有一个背景是马克思恩格斯为了批判得更加形象，设定了一个召开宗教会议的场景，把鲍威尔和施蒂纳设定为审判者，把费尔巴哈、马克思、恩格斯以及赫斯设定为异教徒开始的一场宗教审判，所以用讽刺的手法称他们为"圣"。在第一卷第二章"圣布鲁诺"中马克思从四个方面批判布鲁诺·鲍威尔的唯心主义观点，分别是（1）"征讨"费尔巴哈；（2）圣布鲁诺对费尔巴哈和施蒂纳之间的斗争的思考；（3）圣布鲁诺反对神圣家族的作者；（4）与莫·赫斯的诀别。在前面已经介绍，马克思和恩格斯写作《形态》的直接原因就在于鲍威尔和施蒂纳发表反驳费尔巴哈、赫斯以及马克思恩格斯的文章，所以马克思对他进行反批判选取了这样四个角度。

　　首先"征讨"费尔巴哈是指鲍威尔对费尔巴哈的批判，而马克思的批判就是从鲍威尔对费尔巴哈的批判开始的。马克思和恩格斯指出，布鲁诺从本质上仍然是继承黑格尔的绝对精神理念，把现实冲突与描述现实问题的词句等同起来。在实质上，鲍威尔没有离开思维或者精神的领域考察现实的矛盾冲突。在他看来除了自我意识之外，一切都非实有，现实的人以及他们之间的社会关系是非实有的，现实的生产也是非实有的，实有的只有自我意识这样的一些哲学词句。在鲍威尔那里，一切物质性的生产活动以及人与人之间的现实关系产生于自我意识中，也最终消融在自我意识中。布鲁诺·鲍威尔实际上同其他的唯心主义者一样，错误地把现实的生产以及生产关系在思想、观念中的认识作为现实世界的真实基础，颠倒了意识同物质的关系。因而布鲁诺也就不能正确地认识费尔巴哈的唯物主义思想，反对费尔巴哈在上帝的构成中加入感性的成分，也反对费尔巴哈的"感性"，其目的在于否定世界的现实性以及客观性。

马克思恩格斯对布鲁诺批判的第二点是基于圣布鲁诺对费尔巴哈和施蒂纳之间的斗争的思考。马克思指出布鲁诺·鲍威尔通过把费尔巴哈和施蒂纳弄成两个对立面，在二者的纷争对立中重申他的实体观念。最后，马克思恩格斯还从他对《神圣家族》的批判中进行反批判，指出鲍威尔的批判建立在"真正的人道主义"假说上。在与莫·赫斯的诀别部分神队布鲁诺指责马克思恩格斯没有对施蒂纳进行批判，马克思回应说那是因为当时施蒂纳的书尚未问世。这是第一卷第二章的主要内容以及结构安排。

第三章主要是对施蒂纳的批判，标题定为圣麦克斯，指的就是麦克斯·施蒂纳。在这一章中马克思和恩格斯主要结合麦克斯·施蒂纳的著作《唯一者及其所有物》对施蒂纳的唯心主义学说进行了批判。施蒂纳在这本著作中强调精神、思想的统治力量，在撰写的过程中大量引用《圣经》里的内容，特别是《圣经》中有关精神世界受到统治的理论。因此马克思恩格斯对施蒂纳的批判从形式上对照《圣经》的安排，也是以"旧约""新约""创世纪""启示录"为标题。第一部分的标题《旧约：人》，第二部分的标题《新约：我》，从人到我的转变是施蒂纳思想的核心观点。施蒂纳在他的著作中宣称"我就是我的一切,这个我就是唯一者",实质上他主张的是一个超越物质世界和精神世界的"唯一者",并且把这个"我"称为唯一实在的东西。他提出宗教、国家、道德等都是"自我"的产物,因而世界在他那里也不过是观念的把握,精神是最高的力量。同时他还提出无论是神或人类,只关心自己的事,因而作为每个个人,也只能是关心自己,这种观点倡导的是一种利己主义的观点。马克思恩格斯指出施蒂纳仍然是把精神的力量或者是意识的内容看作是历史发展的动力,否定物质世界的现实性。施蒂纳对于意识和物质关系的颠倒认识,导致他不能正确认识宗教与现存世界的关系,对宗教的批判最终要求人们从头脑中抛弃掉宗教思想,忽视了现实的物质基础。这是第一卷的主要内容,主要是对唯心史观的批判,包含对费尔巴哈、鲍威尔以及施蒂纳唯心观点的批判。他们继承和发展的是黑格尔的绝对精神理念,最终从意识、概念、范畴出发解释世界,根本原因在于他们总是不能使意识本身同物质在意识中的反映区别开来,因此在回答历史发展动力问题上,最终陷入想象之中。

第二卷的标题是对各式各样先知所代表的德国社会主义的批判。有一个序和五章的内容。序的标题就是《真正的社会主义》,这里"真正的社会主义"指的就是在德国流行的各种所谓的社会主义学说。这里马克思恩格斯用"真正"两字讽刺德国社会主义的虚假性。第二、三章都已经丢失,只剩下第一、四、五章。马克思恩格斯要对德国社会主义进行批判,是因为这些"真正社会主义"的主张并不符合历史发展规律。他们一方面接受一些法国和英国的共产主义思想,同时结合德国的唯心主义哲学,提出关于共产主义的一些构想主张。马克思指出德国的社会主义的理论主张正如其哲学基础,是产生于"纯粹思想"中的。这样的理论最终与现实的历史条件分割开来,因而也就不可能提出科学的共产主义体系,也就不能提出符合历史发展规律的社会制度。离开现实基础的"真正社会主义最终转到思想基础上，最终不能摆脱德意志意识形态的幻想性，从而导向某种神秘的科学。第二卷中第一章批判的是"莱茵年鉴"或"真正社会主义"的哲学，主要地分析了海尔曼·泽米希的《共产主义、社会主义、人道主义》以及鲁道夫·马特伊的《社会主义的建筑基石》。第四章主要是对卡尔·格律恩的《法兰西和比利时的社会运动书信和研究》进行分析与批判。第五章的标题是《霍尔斯坦的格奥尔格·库尔曼博士》或《真正的社会主义》的预言。在这一章中，还不是主要地批判"真正社会主义"，主要地是对宗教神学的批判。以上是我对《形态》一书的一个全面解读，下面将围绕第一卷第一章的内容进行重点解读。

在本书中我们重点对第一卷的第一章进行解读，这一章在全书中居于核心地位，是对全书内容的一个总括。第一卷第一章的内容不仅是作为理论基础存在于整本书中，另一方面它标志着马克思的唯物史观走向成熟，因此在此书中要重点解读这一章。这一章基本上涵盖了唯物史观的原理内容，是马恩撰写《形态》的重点内容，也是马克思对于鲍威尔、施蒂纳的唯心史观以及"真正社会主义"进行批判的理论阵地。

《形态》首次系统阐明了唯物史观的基本观点，同当时的各种各样的社会思潮，包括费尔巴哈在内的一切旧唯物主义划清了界限。历史唯物主义的提出标志着马克思主义哲学的形成，实现了哲学史上的变革。在历史唯物主义提出以前，历史上形成的一切的历史观都没能正确认识历史的本质。有的理论家看到现实世界的物质性，在历史领域却又再次陷入唯心主义，都没有提出科学的唯物史观。《形态》的出现为人们提出了科学的世界观和方法论。一方面，马克思主义科学的唯物史观同唯心史观区别开来，消除人们对马克思主义各种各样的误解。一方面马克思提出科学的方法论对于现实的实践活动具有重要的指导意义。马克思提出的唯物史观是科学的理论，反映人类社会发展的客观规律。人们的实践活动遵循这样的客观规律就一定能达到改造客观世界的目的。这部著作是马克思主义发展史中的经典文献，提出科学的唯物史观。

《形态》是马克思主义形成过程中一部里程碑式的重要著作。在《形态》中马克思对黑格尔的唯心主义哲学以及费尔巴哈的人本主义哲学进行了深刻的批判，指出这两种哲学理论的唯心主义本质。马克思通过对德意志意识形态的批判，找到了正确认识人类社会的科学方法。在《形态》中，马克思从现实的物质生产实践出发，立足于现实的物质发展过程考察人类社会的一般规律。最终发现生产力与生产关系的矛盾运动是推动人类社会向前发展的决定性力量。从这一基本矛盾运动出发，马克思发现人类社会最终要走向共产主义，确立起人类社会的最终奋斗目标。马克思恩格斯在《形态》中确立起科学的唯物史观，同德国的唯心主义哲学区别开来。《形态》中包含了许多的重要思想，这些思想构成马克思主义科学的世界观和方法论，对于我们今天认识和改造物质世界仍然具有重要的指导意义。

《德意志意识形态》是一部极为深刻的批判性著作。通过对唯心史观的批判提出科学的唯物史观，马克思对共产主义的科学论证也是立足于对现实的批判。《形态》开篇中，马克思并没有急于阐明其理论主张，而是首先描述了青年黑格尔派的理论观点。随后马克思提出研究历史的前提，并从这一现实的前提出发对唯心主义的论点进行批判。该书对唯心史观的批判，抓住了唯心史观的错误实质，并找到了其错误的根源，生动、有力地对唯心主义历史观进行了深刻的批判。给唯心史观以沉重打击，使一切唯心史观的鼓吹者无法反驳。

《形态》第一章中，马克思恩格斯第一次对自己的哲学新世界观作了全面系统的论述，提出了历史发展的前提，实现对"人"的全面认识，也正是在第一章中，马克思恩格斯第一次把物质生产提高到人类历史的第一个活动这样的高度。论述了生产力与交往形式、市民社会和上层建筑的辩证关系，对分工、私有制、阶级的关系作了系统阐述。第一章中包含着《德意志意识形态》整部著作的所要论述的基本原理。第一章中所包含的唯物史观的基本内容涵盖社会生活的方方面面，从现实的人到物质生产再到意识形态的论证过程既依据无可辩驳的事实，又包含严密的逻辑推理，把理论和实践紧密结合，充分而又科学地证明唯物史观是不可辩驳的真理。

目 录

第一章　历史唯物主义的前提

一、对唯心史观的批判

马克思提出科学的唯物史观从批判唯心史观开始。马克思主义唯物史观以前的各种理论在历史领域都陷入了唯心主义的漩涡。在《形态》中马克思集中批判了青年黑格尔派和费尔巴哈的唯心史观。

1. 对青年黑格尔派的批判

青年黑格尔派的核心思想。马恩在开篇序言中就对青年黑格尔派的观点作了一般性的评述。青年黑格尔派认为，迄今为止人们一直都处于思想的统治之下，人们按照这种思想来设定人与人之间的关系。人们按着这些关于神、关于标准人的幻想建立自己的关系，把自己塑造成神一样的人，或者是努力成为他们认为神所希望他们成为的人。在青年黑格尔派看来，这些思想是人们臆造出的虚假幻想，并且人们把自己限定在这样的框架内，这样他们就使自己处于虚假观念的统治之下。所以青年黑格尔派产生于现实社会中的一切冲突根本上是由于人们接受了错误的思想观念。在他们看来，解决的办法就是通过教会人们从头脑中抛掉这些幻想，从这些幻想下解放出来。费尔巴哈主张要教会人们用符合人的本质的思想来代替这些幻想，鲍威尔主张教会人们批判地对待这些思想，施蒂纳主张要教会人们从头脑中抛掉这些幻想。这些理论主张从来没有离开意识领域，不过是天真的、幼稚的空想。

青年黑格尔派的思想之所以是种空想，原因在于他们把现实世界当作观念世界的产物。他们天真地以为思想、观念这些概念性的东西决定着现实的世界呈现出怎样的形态，决定着人们之间的现实关系。他们却从未反思这些观念从何而来（他们给出的答案是从"自我意识"中发展而来），也从未考虑过我们之所以有想吃苹果的想法，首先是因为存在苹果，而不是因为产生关于苹果的观念，因而也就产生了苹果。德国的哲学家们就是坚信苹果的观念限于苹果而存在。这些玄想家们（青年黑格尔派）都相信存在思想统治，认为现实关系的不合理源于不合理的思想统治，因而也就认为只要是在思想领域实现变革就能把现存的不合理的东西消灭掉。他们不同的地方只是在于用什么样的思想代替原来的思想，对于青年黑格尔派来说就是用什么样的理论代替宗教观念的统治。所以青年黑格尔派的众多代表发展了黑格尔理论的某一方面进行论战，在"市场"上兜售他们的哲学理论。实质上，他们是要把各自的思想确立为固定的思想。

青年黑格尔派的哲学在民众中间引起巨大反响，公众也被他们玄而又玄的幻想迷惑了。"哲学英雄们"一本正经地称其思想理论具有颠覆世界的危险性和不怕治罪的坚决性。在其现实性上，青年黑格尔派的哲学家们不过是以哲学形式表达了德国市民的空想，他们提出的理论观念反映德国小资产阶级和资产阶级的想要变革的愿望。但是由于当时德国的生产方式的狭隘性，他们也就没有提出正确的变革观念。这些哲学家们提出这样的空想，却恰恰反映出德国现实状况的可悲。因为他们无力改变德国的现实状况，而只能在思想领域实现一些变革。他们没有实际地做些什么，仅仅是同现实的影子进行哲学斗争。他们察觉到现实生活中对人本身的压抑，但是仅仅是把这一切冲突的根源归结为观念。马克思在《形态》开篇中就指出德国哲学家们的各种理论叫嚣在现实生活面前都是不堪一击。揭穿这些理论家们自以为是狼，也被人看作是狼，而实际上他们不过是绵羊。他们的理论不堪一击，离开现实的生产方式、社会制度、现实生活，幻想把现实的生产以及现实的关系当作观念的东西消融于"自我意识"中。

他们的这种哲学论调相当于说"人之所以溺死，是因为他们被重力思想迷住了"①，如果他们从头脑中抛掉关于重力的观念，就可以避免任何被溺死的危险。这种完全用幻想代替现实的扭曲哲学否定现实生活的真实性。按照他们的理解，牛顿通过观察苹果落地发现万有引力定律也被歪曲成这样：只要想象着苹果落地，苹果就会落地，或者只要抛弃万有引力定律观念，苹果也就不会落地。毫无疑问，这种空想、幻想在任何时代都不能成立。因为人是现实存在的人，而人还要进行现实的物质生产活动，无论如何也不能把这些现实的生产活动仅仅看作是意识活动。青年黑格尔派的精神批判最终落在宗教批判上，他们要求人们抛弃宗教观念对人们的思想统治以实现人们自己的解放。他们看到了宗教观念对人性的束缚，希冀教会人们抛弃宗教观念，消除现实苦难，可他们却没有看到宗教统治是掌握在统治阶级手

---

① 《马克思恩格斯选集》第 1 卷，人民出版社 1995 年版，第 10 页。

里，是统治阶级实现统治的工具。

青年黑格尔派发展了黑格尔绝对精神的某一方面，同时出现在青年黑格尔派之间的哲学论战也推动黑格尔"绝对精神"的瓦解。《形态》第一章标题为《费尔巴哈》（唯物主义与唯心主义观点的对立），在这一章开篇中马克思和恩格斯并没有集中地批判费尔巴哈，而是主要地批判了青年黑格尔派从黑格尔那里继承的唯心主义立场。手稿中删掉的这样一段话："我们这些意见正是针对费尔巴哈的，因为只有他至少向前迈进了一步，只有他的著作才可以认真加以研究。"[①] 费尔巴哈是第一个对黑格尔哲学的"绝对精神"采取严肃的、批判的态度的人，把人们从黑格尔哲学所营造的思辨领域中解放出来。

19 世纪早期，黑格尔哲学一直是德国占统治地位的意识形态。1842—1845 年这三年中间，德国思想界展开激烈的论战，瞬息之间出现许多"思想勇士"，各自发展自己的哲学理论。一些"思想勇士"为另一些"思想勇士"所歼灭，一些原则为另一些原则所代替，在德国思想领域出现众多纷繁复杂的思想流派。青年黑格尔派把这场发生在纯粹思想领域的斗争吹嘘成伟大的变革。这些思想不过是在纯粹思想领域进行的思想对思想的批判，对现实世界不会有什么实际的成效。这种做法无异于"画饼充饥"，对于改变现实的物质世界没有任何实际意义。

青年黑格尔派理论家之间的哲学论战尽管对改造现实世界不会收到什么实际的成效，但这个过程促成了黑格尔"绝对精神"的瓦解。这场思想论战使黑格尔哲学的统治地位受到严重挑战。此前在黑格尔"绝对精神"的指导下还是没能找到消灭现实苦难的途径，迫于客观

---

① 《马克思恩格斯选集》第 1 卷，人民出版社 1995 年版，第 63 页。

形势的发展，原来统一的黑格尔哲学被迫分裂。德国哲学家们专注于在精神领域寻找变革现实社会的革命力量。这些以经营绝对精神为生的人们就把黑格尔哲学分解了，把它们重新组合，形成新的哲学体系。这些哲学家们在思想理论市场上"兜售"各自的哲学。为了使各自的哲学获得普遍性的意义，这些哲学家们把它们吹嘘成具有世界历史意义的思想变革。实际上他们的新哲学仍然没有跳出黑格尔绝对精神的范围，不过是发展了绝对精神的某一方面，在本质上他们没有离开绝对精神领域。

黑格尔哲学的解体过程告诉我们，"在黑格尔唯心主义体系中兜圈子是没有出路的，必须跳出它的藩篱，才能创造出具有时代意义的哲学。"① 青年黑格尔派没能跳出绝对精神的囹圄，仍然在唯心主义的范畴内寻找理解人类社会的线索，因而也没有找到改造人类社会的正确的途径。费尔巴哈对黑格尔的"绝对精神"实现了扬弃，但只完成了一半，只是在自然观上跳出了黑格尔体系，明确指出哲学必须从直接的感性存在开始，而在社会历史领域又陷入唯心主义。马克思提出彻底的唯物史观，实现对人类社会的正确认识。马克思看到物质生产在人类社会发展中的基础地位，从现实的物质生产中探索人类社会发展的一般规律，因而能够找到改造现实社会的正确途径。在这个基础上，提出批判的武器不能代替武器的批判，而必须以物质力量变革物质力量。

青年黑格尔派的思想运动，从来都没有跳出精神领域去看待现实的客观世界。这些哲学家自诩自己的理论是世界历史意义的变革，实际上这只是这些人狭隘的民族幻想而已。产生这一差异的原因是青年

①　高清海著：《马克思主义哲学名著评介》，吉林大学出版社 1989 年版，第 106 ~ 107 页。

黑格尔派的学者们把德国的一切看作合理的前提，始终站在维护德国现实的基础上。因而这些哲学家们也就没能把变革的重点放在现实的生产生活上，更没有发现德国现存的生产关系已经远远落后于生产的发展。要对青年黑格尔派的运动获得正确的认识，就必须站在德国以外的立场上，即站在否定德国现实的立场上，而不能站在维护德国现实历史的立场上，这样就能够看到青年黑格尔派思想纯粹的空想本质及其历史局限性。

青年黑格尔派尽管在推动黑格尔"绝对精神"瓦解上有一定的积极意义，但其理论仍然没有逃出唯心主义的囹圄。青年黑格尔派的理论不是科学的认识论，其历史局限性体现在多方面。

首先，青年黑格尔派的第一个局限是没有突破黑格尔哲学体系。青年黑格尔派对黑格尔哲学进行的批判以及他们相互之间的论战，不过是每一个人只抓住黑格尔哲学体系的某一方面，去反对黑格尔哲学体系，或者是反对其他人抓住的那些方面。他们的论战是以黑格尔哲学体系为基地的某一方面思想的论战，从来没有超出思想、概念的范畴。尽管他们都叫嚣着自己的理论超越了黑格尔，但也从未有一个人能对黑格尔哲学进行全面的批判，也没有人离开精神领域对物质关系进行批判。

其次，青年黑格尔派的第二个局限是其理论批判局限于宗教批判。"从施特劳斯到施蒂纳的整个德国哲学批判都局限于对宗教观念的批判"，德国哲学专注于对观念的批判，以思想的批判代替现实的批判，这种观念性的批判最终落在对宗教观念的批判上。他们的出发点是现实的宗教和真正的神学。在他们看来，政治观念、法律观念、道德观念在本质上都是宗教观念；政治意识、法律意识、道德意识也都作为宗教意识的内容而存在；政治的、法律的、道德的人，也不过是宗教人的外延。在青年黑格尔派那里，宗教的统治被当作一切活动的前提，阶级之间的关系，民众同国家、法律之间的关系都变成了宗教统治下的衍生物。法律和国家的统治力量在青年黑格尔派那里是从宗教那里获得的，是因为人们对宗教的迷信才产生出国家以及法律统治人们的强制力量。青年黑格尔派看到宗教以及宗教观念对人的统治，这是其理论的进步意义。他们在现实生活中感知到宗教对人自身发展的束缚，并且也发现宗教思想的统治在社会生活中占据统治地位，但他们仍然没有看到宗教统治乃至宗教思想的统治都是统治阶级实现的统治。其局限性在于把这种思想统治仅仅看作是宗教的统治，他们只看到了人们之间的宗教关系，没有看到在宗教关系背后起支配作用的阶级利益关系。因而也就没能把占统治地位的思想同阶级联系起来加以考察，也就没有发现宗教统治只是统治阶级实现统治的一种工具，最根本的统治力量是统治阶级的物质利益。

德国哲学家们都不同程度地继承了黑格尔的"绝对精神"理念，对黑格尔的绝对精神产生不同的理解。根据对黑格尔"绝对精神"的不同理解，划分为青年黑格尔派和老年黑格尔派。青年黑格尔派和老年黑格尔派都认为"宗教、概念、普遍的东西统治着现存世界"，他们的区别在于老年黑格尔派主张用黑格尔的逻辑范畴理解宗教，就会发现宗教观念统治的合理性，所以在老年黑格尔派那里，宗教统治是合理的应该加以赞扬。青年黑格尔派则认为这种统治是篡夺，要加以反对。他们主张对宗教观念进行批判以实现对宗教统治的批判，以改变人们受统治的现状。不管是肯定宗教统治还是否定宗教统治，青年黑格尔派和老年黑格尔派都把研究的重点放在对宗教统治的研究上，其理论的落脚点要么是维护宗教统治的地位，要么是推翻宗教统治。他们没有现实地考察宗教统治背后的物质动因。

青年黑格尔派认为，正是从意识中产生出的宗教观念引起现实关系的矛盾。一切社会关系，政治的、法律的和道德的关系以及相互之间的矛盾、冲突在青年黑格尔派那里都是由于错误的观念统治着人们。因此在他们看来要消除现实关系的不合理，只要同意识的这些幻想（主要是宗教观念）作斗争就行了。按照青年黑格尔派的思想逻辑，只要"完全合乎逻辑的向人们提出一种道德要求，要用人的、批判的或利己的意识来代替他们现在的意识，从而消除束缚他们的限制"①，这种改变意识的方法根本说来就是用另一种观念解释现实的存在。他们满世界寻找能够说服人们的哲学理论，竭力地提出一些表面上与现实世界相吻合的理论，并把这些理论作为"真理"确定下来。其实，青年黑格尔派的学者们不过是以另外的解释承认现存的东西。在某种意义上，他们是现存社会制度的维护者，为统治阶级实现统治进行辩护。当观念与现实，现实与现实产生矛盾时，他们直接把这一切矛盾和冲突归之于观念的错误，而没有实际地思考现实的不合理性。

青年黑格尔派的意识形态家们尽管满口讲的是震撼世界的词句，却是最大的保守派。他们不过是反对一些词句，再改变一些词句，这种宗教批判的结果也只是对宗教做出新的教义、教规。这种批判只是"用词句来反对词句"，绝对不是"反对现存的现实世界"。这种离开世俗的外部世界，在纯粹的精神领域的"变革"是没有任何实质性的意义的。离开宗教产生的经济、政治和文化等物质条件，仅仅停留在自我意识领域和精神领域来批判宗教观念是没有任何实质性的作用的。他们试图让人们放弃存在于人们头脑中的观念来实现人的解放，然而，即使这些词句在头脑中消失了，而人的解放也没有前进一步，

① 《马克思恩格斯选集》第1卷，人民出版社1995年版，第66页。

因为人的解放首先在于推翻压迫他们的物质力量。"要真正地、实际地消灭这些词句,从人们意识中消除这些观念,就要靠改变了的环境而不是靠理论上的演绎来实现。"①

青年黑格尔派的理论对于人们改变现实的生活环境没有实质性的意义。他们的理论主张一直都没有离开精神领域,更没有对现实生产状况进行考察,因而也就没有找到理解人类社会的正确途径。青年黑格尔派没能摆脱唯心主义的束缚,他们的哲学论战一直都没有离开黑格尔哲学的思想范畴,也没有跳出唯心主义领域,更没有确立现实的历史前提。他们也就没有提出哲学和现实之间的联系,其哲学理论没有成为变革社会现实的思想武器。他们不明白哲学理论应当是对现实物质环境的批判,从不合理的现实关系中找到变革的正确方向。一切理论所做的批判都应当是同他们自身的物质环境联系起来,从现实的物质环境出发达到对物质世界的科学认识。

2. 对费尔巴哈的批判

费尔巴哈对物质世界的歪曲理解。"费尔巴哈对感性世界的'理解'一方面仅仅局限于对这一世界的单纯的直观,另一方面仅仅局限于单纯的感觉。"②"单纯的直观"和"单纯的感觉"都是指僵死、静止地看待周围世界,对客观对象消极、被动地静观,凭感觉直观对象。"单纯的直观"和"单纯的感觉"的不同之处只是描述的角度不同。"单纯的直观"是费尔巴哈对感性世界的概括理解,是以感性世界为认识内容。"单纯的感觉"是以人与感性世界的关系为认识内容。不管是"单纯的直观"还是"单纯的感觉"都是僵化静止地看待世

---

① 《马克思恩格斯选集》第 1 卷,人民出版社 1995 年版,第 95 页。

② 《马克思恩格斯选集》第 1 卷,人民出版社 1995 年版,第 75 页。

界。费尔巴哈一方面不仅把我们生活在其中的物质世界看作是一种直观，忽视其运动、变化、发展的历史；另一方面认为个人是被动消极地反映客观世界。在费尔巴哈看来，在同自然界进行物质交换的活动中，人们对客观世界的认识是被动反映的，是由于外在世界作用在人身上才使人获得关于外部世界表面特征的认识。这种被动的直观认识完全否认了人主观能动性。

费尔巴哈这样直观地理解外部感性世界，不可避免地会遇到意识和感觉相矛盾的东西。比如他设想的外部自然界应当是始终如一不变的，而一些突发的自然灾害就扰乱了它所假定的感性世界的一部分和谐，特别是人与自然界的和谐。为了消除这种矛盾，他求助于某种抽象的东西，借助抽象的概念说明这种矛盾。费尔巴哈会把突然发生的自然现象当作偶然的现象排除在人类社会之外，实际上他并不了解现实的物质世界就是变化、发展着的。

不论是"单纯的直观"还是"单纯的感觉"都体现的是抛开事物之间的联系，孤立静止地看待外部世界，没有把握事物之间的普遍联系以及变化、发展的运动轨迹。费尔巴哈这样孤立静止地看待外部世界，也就不能看到人们能动改造物质世界的活动。相应地，费尔巴哈也就否定了个人认识世界和改造世界的主体作用以及个人的主观能动性。在其现实性上，人不仅能依赖感官获得关于事物现象和外部联系的感性认识，同时还能透过现象抓住事物的本质，获得关于事物本质的理性认识。

费尔巴哈对感性世界的这种直观认识根本上在于离开实践的观点认识物质世界。马克思能够提出科学的唯物史观一个很重要的原因就是发现实践在社会生活中的基础地位，并提出"人类社会生活在本质上是实践的"这一著名论断。实践使物质世界分化为自然界和人类社会,人类的实践活动产生了人类社会,人类社会是人类实践活动的对象化。我们生活其中的物质世界不是从来就有的,是人类通过实践使其逐渐从自在世界中分化出来,形成现在的人类社会。实践不仅产生了人类社会,实践还产生着人类自身。人类就是通过劳动实践从动物中分离出来,而且人们每天都要进行物质生产实践活动满足生存需求。人们要通过物质生产实践生产现实生活,在实践中人们不仅与自然界发生联系,人与人之间也结成一定关系,人与其意识的关系也生成在实践中。总之,实践连结着主体与客体,使主体客体化的同时也实现着客体主体化。在人类社会的各个发展阶段,都以各种各样的实践活动为基础。现实的实践活动不仅表明人的现实性,而且连续不断的实践活动因此使历史表现为一个连续不断的发展过程。

费尔巴哈如果看到实践在人类社会中的地位,把人们社会生活实际地理解为实践的过程,就不会把整个物质世界理解为"单纯的直观"。因为它实践的能动改造作用,必然不会使物质世界始终维持在一个状态上。在现实的实践活动下,人类社会必定表现为一个不断变化、发展的世代更替过程。周围的感性世界也是在实践过程不断变化、发展着的物质世界。另外,如果费尔巴哈能够确立实践的观点,那他也就能够发现人作为实践的主体,不是消极被动地认识世界的,而是作为实践的主体能动地改造客观世界的。不管是单纯的感觉,还是获得关于本质规律的理性认识都依赖一定实践活动,只有在实践中才能为人所感知。费尔巴哈离开实践,就不能发现人类历史的动态发展过程,因此便不能说明历史的连续性。只有看到人类社会生活在本质上是实践的,对人类社会发展的现实历史进程的考察就不会再是仅仅停留在感性直观的经验层面。

黑格尔认为存在于现实世界的万事万物是"绝对精神"自我发展

过程中的产物，世界的发展是"绝对精神"按照自身规律自行发展的过程。马克思辩证唯物主义产生以前的一切唯物主义"对对象、现实、感性，只是从客体的或者直观的形式去理解，而不是把它们当作感性的人的活动，当作实践去理解，不是从主观方面去理解"①。费尔巴哈把黑格尔哲学颠倒了的世界观颠倒过来了，确立了唯物主义，把人们从思辨的领域中解放出来，却抛弃了黑格尔哲学体系中优秀的辩证法思想。黑格尔还看到了物质世界的辩证发展过程，而费尔巴哈却只是把物质世界看作是静止的、永恒不变的。抛开黑格尔哲学的唯心主义弊端，它首次系统地阐明人类社会是一个运动、变化、发展的过程。人类历史的每一阶段都不是孤立存在着的，它是无限延续着的人类社会发展过程当中的某一环节。黑格尔哲学也试图寻找人类社会发展的一般规律，并且发现在人类社会发展背后有一个永恒的推动力，其缺陷在于把这个推动力看作是意识、概念，因而没有提出科学的唯物史观。

费尔巴哈却缺少历史生成视野，对感性世界的理解仅仅局限于对这一世界的单纯直观。他以为世界之所以是这样是因为它本来就这样，从未想过周围的感性世界绝不是从来就有的，更不会一直存在下去。现在生活的这个物质世界也不是人类产生以前就存在的自然界，而是世代人们实践活动的结果。他没有看到"他周围的感性世界绝不是某种开天辟地以来就直接存在的、始终如一的东西，而是工业和社会状况的产物，是世世代代活动的结果，其中每一代都立足于前一代所达到的基础上，继续发展前一代的工业和交往，并随着需要的改变而改变它的社会制度。甚至连最简单的'感性确定性'的对象也只是

---

① 《马克思恩格斯选集》第1卷，人民出版社1995年版，第58页。

由于社会发展、由于工业和商业往来才提供给他的。"① 我们现在居住的房屋、使用的土地以及众多丰富的民族文化是世世代代实践的成果。后代人的生产生活总是立足于上一代人的实践活动形成的物质结果，当代人的实践活动总是形成后代人实践的物质基础。感性世界总是在实践活动中不断变化、发展着。19 世纪 40 年代费尔巴哈在曼彻斯特能看见一些工厂和机器，而一百年以前在那里只能看到脚踏纺车和织布机。实践活动不断改变着客观世界的形态，其中物质生产实践是人类社会最基本的实践活动，每一阶段的物质生产活动最先使人类社会发生这样或那样的变化，是推动人类社会发展的根本力量。

费尔巴哈特别谈到自然科学的直观，认为一些自然界的秘密只有物理学家和化学家的眼睛才能识破秘密。费尔巴哈夸大科学家的能动作用，实质上是放大科学理论的物质力量。马克思指出科学也是处于实践的控制之下。科学知识归根到底是一种理论、意识，实践决定认识，任何理论都产生于实践过程。自然科学也不过是由于生产实践的需要才产生，生产的发展产生了物理学家和化学家的眼睛。自然科学也只有运用到物质生产实践中，才能实现其目的并且获得向前发展的动力。物质生产是整个现存的感性世界的基础，并且这种生产是连续不断的生产劳动，哪怕只中断一年，不仅自然界会发生巨大变化，整个人类社会以及人们自身也会很快就没有了。费尔巴哈没有看到实践活动在社会历史发展和人类认识中的决定作用，因而没能正确认识科学知识在实践中的地位，放大理论的指导作用。

费尔巴哈对"人"的曲解。费尔巴哈不理解实践，因而也就看不到个人感性的实践活动。费尔巴哈所理解的"人"是脱离现实生产活

---

① 《马克思恩格斯选集》第 1 卷，人民出版社 1995 年版，第 76 页。

动的"人"。费尔巴哈比"纯粹的"唯物主义者（18 世纪法国机械唯物主义者）有很大的进步。他承认人也是"感性对象"，没有像机械唯物主义者那样，把人等同于机器。他认识到人是感性存在物，人有情感，会对外界作出反应，不同于无生命的机器，人的特性受其感性本性的制约。费尔巴哈也只是仅仅承认人是"感性对象"，而没有把人看成是"感性活动"，这同他对感性世界的直观理解相一致。他看到了人感性的特征，却没能摆脱机械唯物主义的僵死静止的认识，仅仅看到人作为对象而存在，没有看到人的主体地位，更没有看到人主动积极地认识和改造的能动性。因此，费尔巴哈所认识的人只不过是自然意义上的"感觉主体"，并且这种感知在费尔巴哈那里不是来自于独立的意识，更像是高等动物的感觉心理，被动接受外界讯号。尽管费尔巴哈坚持物质第一性，意识第二性的唯物主义一元论，物质能够在意识中得到反映，但这种反映只是照镜子式的机械活动。

费尔巴哈讲到的"人"是抽象的人，而不是处于现实关系中的人。费尔巴哈所理解的"人"是存在于各个历史时代的类，而不是每一时代具体历史的人。费尔巴哈形成这样错误认识，原因在于他"没有从人们现有的社会联系，从那些使人们成为现在这种样子的周围生活条件来观察人们。"① 根本说来就是他脱离现实的社会生活，从具体的物质环境中把个体"人"抽离出来，在理论领域内探讨人。因此，费尔巴哈"从来没有看到现实存在着的、活动着的人，而是停留于抽象的'人'，并且仅仅限于在感情范围内承认'现实的、单个的、肉体的人'"。② 他认为人与人之间除了爱和友情外，而且还是理想化了的爱和友情外，再没什么别的关系了。费尔巴哈这样理解人类的情

① 《马克思恩格斯选集》第 1 卷，人民出版社 1995 年版，第 78 页。
② 《马克思恩格斯选集》第 1 卷，人民出版社 1995 年版，第 78 页。

感，简化人与人之间复杂的社会关系同他直观认识物质世界相一致。他不仅单纯地看待物质世界，就连人与人之间纷繁复杂的物质利益关系在费尔巴哈这里也被忽略掉了。费尔巴哈根本看不到人们活生生的感性活动，否则怎么会看不到人与人之间现实的社会关系。由此看出，费尔巴哈甚至也没有看到人们为满足生活需求进行的基本的生产活动，否则，他一定会发现在生产活动中首先形成的各种各样的物质利益关系。

正是由于费尔巴哈从来没有把感性世界理解为每个人的感性的、活生生的现实活动的结果，因而当他看到资本主义社会中广大的劳苦工人被疾病苦痛缠身而得不到救治，相反资产阶级享受社会福利以及人类社会的一切文明成果，他不能提出现实的革命途径，仅仅是求助于"抽象的直观"和观念上的"平等化"，诉诸哲学把平等仅仅看作是观念上的平等。所以费尔巴哈仅仅求助于最高直观而看不到现实的直观，看不到这种不平等背后的物质动因，因而他也就不懂得通过革命的实践活动变革现存的剥削压迫制度。

费尔巴哈从抽象的"人"出发探究历史的发展，把人类社会的整个发展过程看作是"人"的发展过程，而且用这个抽象的"人"来代替过去每一历史时代所存在的现实的"人"，并把它看成是历史的动力，推动历史在各个时代之间的更替。物质生产的发展过程在费尔巴哈这里成了"人"的自我异化过程。实际上这是因为，"他总是把后来阶段的一般化的个人强加于先前阶段的个人并且以后来的意识强加于先前的个人。"① 费尔巴哈理解的是一个永恒存在的类"人"，并且把这样一个普遍存在的"类人"代替每一时代中现实的个人，把这个

_____

① 《马克思恩格斯选集》第 1 卷，人民出版社 1995 年版，第 130 页。

"类"看作是推动历史进步的力量。因而费尔巴哈认为现代人所具有的意识以"类人"的身份先天地存在于古人的意识中，因而费尔巴哈也就看不到历史的变化发展。这种本末倒置的做法，即抛掉现实的生产生活条件，于是就把整个历史变成意识发展的过程了。费尔巴哈的错误在于看不到历史发展的过程性，更加没有看到人的发展也是一个过程。由于具体历史环境的不同现在的人与过去的人相比，是不同的个人。既不能把现代人的思想意识强加给古人，把历史的发展看成是意识的发展，更不能用现代人的思想苛求古人。因为每个时代的人都是由该时代物质生产条件所决定的现实的人。

马克思主义对人的本质进行概括，即人"不是处在某种的离群索居和固定不变状态中的人，而是处在现实的、可以通过经验观察到的、在一定条件下进行的发展过程中的人"[1]。一方面，人不是不变的，而是历史地变化着的。有存在于过去时代的人，有现在存在的人，也会有未来时代存在的人。每个现实存在的人从出生到死亡也是在不断变化的，没有不变的人。另一方面，现实的人由于处于一定的物质生产中，因而必然处于一定的社会关系中，承担着这样或那样的社会角色，没有不处于一定社会关系网中的人，也不存在脱离社会而独立存在着的离群索居的人。人不是单个人固有的抽象物，在其现实性，它是一切社会关系的总和。

不论是对历史发展过程的认识还是对人的认识都不是主观臆造出来的，是马克思从历史发展过程中抽象出的科学认识，是从现实的物质生产中可以用经验确认的现实关系。首先人总是进行一定活动，进行物质生产的人。人们生产什么，怎么生产，他们就是怎样生活的。

---

[1] 《马克思恩格斯选集》第 1 卷，人民出版社 1995 年版，第 73 页。

因而，个人是什么样的，这取决于他们进行生产的物质条件。其次，进行物质生产的各个人在生产活动中必然要结成一定的相互关系，每个人都处在一定的现实关系中，现实关系总和表现着每个人的本质。任何人都是处在一定物质生产中受现实关系制约的现实人，而不是在各个时代都存在的抽象物。

费尔巴哈对共产主义的曲解。费尔巴哈借助"共同人"宣称他是共产主义者。"共同人"的规定旨在说明人与人之间的关系，即证明人与人之间一直都是相互需要的。因为人的相互需要，互相友爱，所以人是社会的人，也是共产主义者。从社会人中演绎出共产主义，费尔巴哈也就使"共产主义者"在他那里成了空洞的概念。因为这样说来，那人人都是共产主义者，共产主义也早已产生，因为人一直都是作为社会人存在的。人是社会中的人，没有人能离开他人单独进行各种生产活动，即使在原始社会，也不能达到这一点。

费尔巴哈之所以提出"共同人"的规定，只是想确认人是现实存在着的。从这一点上说，费尔巴哈一定程度地坚持了唯物论的观点。但是，他承认存在却又不了解存在。马克思在《形态》中这样描述："费尔巴哈在那里阐述道：某物或某人的存在同时也就是某物或某人的本质；一个动物或一个人的一定的生存条件、生活方式和活动，就是使这个人或这个动物的'本质'得到满意的东西。"

费尔巴哈在这里借助对象表现自身的认知首先抹杀了人的主体能动性。其次，存在即本质的论断也歪曲了人的本质。根据历史唯物主义的观点，人类的生存条件、生活方式是变化发展着的，因此处于一定社会关系中的人也是历史的变化着，人是需要作为人而成为人的，而动物毋须做动物就已经是动物。因而对于现实的人类说本质是更稳定的存在，存在即本质并不科学。最后，费尔巴哈认为一个动物或一个人的一定生存条件、生活方式和活动，就是使这个动物或这个人的"本质"感到满意的东西。所以在他看来，如果人或者动物不能适应其生存环境，这只能被算作不幸的偶然事件同时是无法改变的现实。因而千百万无产者的被压迫、被剥削的遭遇也只能算作是不可避免的不幸，只能忍受。无疑这对于现实的以获取幸福为目的的人是说不通的，因为人从本质上讲是追求幸福和自由的。

为躲避这种冲突，费尔巴哈从来不谈人的世界，而是每次都求救于没有人类活动的自在自然。然而随着人类社会发展，人们实践水平和能力的提高，那些没有打上人类实践烙印的自然界会越来越小，费尔巴哈所能占据的理论阵地也就越来越小，最终其理论没有立足的地方。就像污染的河水不能适应鱼的生长时，就要治理污染；当存在不能满足人的本质需要时，应当是通过革命变革存在使存在与本质相一致。无产阶级在资本主义生产中越来越贫困，境况越来越悲惨时，无产阶级就必然要成长为革命阶级推翻资产阶级统治，实现全人类和自己的解放。

"费尔巴哈'只是希望达到对现存事实的理解'，他不懂得，一个真正的共产主义者的任务主要在于推翻现存的资本主义制度。"① 费尔巴哈在理解事实时，达到了理论家一般可以达到的高度，但他仅仅是一位理论家和哲学家而已。费尔巴哈有时在现实与认知的冲突中发现关于历史发展的现实因素，但每次他都借助看到眼前的东西与看到实物本质之间的模糊地带消融这些矛盾。费尔巴哈关于历史发展的认识有时也会有一些正确的观点，但它们只不过是一些零星的猜测，只是具有发展能力的萌芽而已，仍然没能改变费尔巴哈总的观点。费尔巴

---

① 《马克思主义哲学评介》高清海著，吉林大学出版社 1989 年版，第 124 页。

哈不懂得"对共产主义者来说,全部问题在于使现存世界革命化,实际地反对和改变事物的现状"。[①]

费尔巴哈确立了自然的唯物主义,在历史领域却陷入了唯心主义。"当费尔巴哈是一个唯物主义者的时候,历史在他的视野之外,但他去探讨历史的时候,他不是一个唯物主义者。在他那里,唯物主义和历史是彼此完全脱离的。"[②]

二、唯物主义历史观的提出

1. 现实的人是唯物史观确立的前提

马克思从现实的"人"出发理解人类社会,把"人"作为全部人类历史的第一个前提。通过实际地探究"人"的各方面属性、性质以及个人的生产生活来研究人类社会的一般规律,即以考察人的方式来考察人类社会的发展。马克思从"人"出发的探究活动确立的是现实的前提,而且是其他的理论研究没能提出的前提。

"我们所要谈的前提不是任意提出的,不是教条,而是一些只有在想象中才能撇开的现实前提。"[③]"所要谈的"正是马克思主义的新发现"唯物主义历史观"。唯物史观不是任意提出的,而是有着现实的前提的。这个现实的前提就是一些"现实的个人"。从现实的个

---

① 《马克思恩格斯选集》第 1 卷,人民出版社 1995 年版,第 75 页。

② 《马克思恩格斯选集》第 1 卷,人民出版社 1995 年版,第 78 页。

③ 《马克思恩格斯选集》第 1 卷,人民出版社 1995 年版,第 66～67 页。

人出发，马克思也就发现物质生产活动以及物质生产条件。现实的前提首先是一些现实的个人，包括他们现实的活动和他们的物质生活条件。现实的人以及他们的活动包括活动的条件都是可以用经验确认的现实前提。"人"是不证自明的存在，没有人能否认人的现实存在，因为否认人的现实性也就否认一切活动的现实性。到今天为止，最重要的一个存在就是人。没有人，没有此刻进行的谈论，也就没有关于问题的争论。每个人都能确认各自是现实的存在，因为每个人具有的感性确定性都能确证这种存在，人类的任何活动都内在地承认了现实的人。否认现实的人也就否认一切，认识也就无从谈起，那哲学家们的争论活动也就不存在了。

虽然"人"作为历史活动的前提靠单纯的经验就能证明，但有一些唯心主义者认为这个"人"是观念中的"人"。针对唯心主义的这种论调，首先必须要证明"人"是现实的"人"。马克思从人的肉体组织、人的生产活动等方面证明"人"是现实的"人"。一旦确立"人"是现实的"人"，那人类历史的现实性也是毫无疑问的。对人类历史的认识开始跳出唯心主义的范围，构建科学的唯物史观。

首先，每个人都是有生命的个体，每个人都有肉体组织并且与自然界发生一定关系。每个人的这种身体组织以及对外部自然界的作用首先能够证明人的现实存在。所以马克思首先证明肉体组织是物质的存在，并且支撑着个人的存在。肉体组织的现实存在依赖从自然界获取物质生活资料，这些实际的物质条件共同证明"人"是现实的人。

肉体组织的现实性是不言自明的，就像存在于自然界的任何物体都有自己的构造，石头有石头的纹理，植物有植物的组织，动物也有动物的器官。人也一样，这样的肉体组织决定了人能发展成直立行走的人，而猴子却不行。总之，人的肉体以及器官构造决定了人的自然属性。手是五指分开的，因而能制造工具；由于骨骼的这种构造，因而能逐渐实现直立行走；人脑不同于动物大脑的这种特殊构造，因而使大脑成为思维的器官，能够发展为人的意识。所以人的肉体组织是物质的，因而也是现实的。

其次，从人们的物质生活条件也能证实"人"是"现实的人"。首先就最基本的自然条件来说。人总是在一定自然界中活动的人，人的活动总是包含着一些物质的生产生活条件。人类的生产生活中首先出现的是各种自然条件，包括地质条件、山岳水文地理条件、气候条件以及其他条件。这些条件都是不以人的意志为转移的客观存在。每个人都是在这样的一些条件下进行生产生活。个人同自然界的交换活动不纯粹是一种精神活动，人们的吃穿住行都要通过在自然界进行的物质交换活动来实现。个人在自然界中同自然界进行的物质交换活动一定程度上证明生活在其中的"人"是现实的人。

自然界在时间和空间上都是无限的，直到现在人们仍在探索未知的自然界。而那一部分未知自然界由于还没被人类所认识，所以就不是个人生活的物质条件。"任何历史记载应当从这些自然基础以及它们在历史进程中由于人们的活动而发生的变更出发"[①]。进入到人类活动的自然界才能被人们所认识，这部分自然界才体现人与自然的关系。只有那些被人们认识到并处于人类活动之下的自然界才能确证人的现实性。随着人类认识能力实践水平的不断提高，越来越多的自然界进入到人类的活动范围。因而人的活动的现实性，同

---

① 《马克思恩格斯选集》第 1 卷，人民出版社 1995 年版，第 67 页。

时也是现实的人将被更加充分地证明。

人类的物质生活条件不仅包括自然界先天提供给各种自然条件，还有人们各种物质活动创造出来的物质生活条件。这些物质生活条件就是每个现实的人在现实的生活生产中通过一定的物质手段作用于自然界引起自然界发生相应的变化。有些已经根本看不出它的自然形态，如现代的电子产品，但这些产品仍然是对来自自然界的原料以及材料的加工。人类社会越是向前发展，未经加工的自然形态的物质生产条件越少。物质生产条件的自然性被消除得越彻底，相反人类活动的现实性越是能得到有效确证。不管是哪种物质生产条件，它总是人类物质生产活动的结果。它们或者是上几代人创造的，或者是当代人的现实活动的物质结果。因此，从人们活动的物质条件出发也能说明"人"是"现实的人"。

最后，进行物质生产活动的"人"一定是现实的"人"，因为物质生产活动是人所特有的现实活动。构成人的肉体组织尽管区别于其他物质的组织构造，但这不是把人同他物相区别的真正本质。人们或者可以根据意识或者宗教把人同动物区别开来，而"一当人开始生产自己的生活资料，即迈出由他们的肉体组织所决定的这一步的时候，人本身就开始把自己和动物区别开来"。[①] 物质生产实践是人与动物相区别的标志。人的进化是在劳动中完成的，肢体以及人脑都是在劳动中逐渐变得灵活，从而能完成各种体力以及脑力劳动。劳动实践使人类和人类社会从自然界中分离出来，形成以人为主体的属人世界。人不仅仅是一个肉体组织或生命个体，而是通过劳动发展为处于社会关系中的现实的人。

---

① 《马克思恩格斯选集》第 1 卷，人民出版社 1995 年版，第 67 页。

　　人们在进行物质生产的过程中不仅把人与动物区别开，而且人们生产物质生活资料的同时生产着自己的物质生活本身。这也是人与动物的区别，动物获取维持生命所需的生活资料的过程仅仅是肉体生命的生产，仅仅是实现了动物的自然属性，没有发展任何社会关系。人类物质生活资料的生产不仅限于从自然界直接获取生活资料，他们在现实的生产过程中，产生一定的社会关系。他们的生产过程同时表现为各个人的生活过程。在这个过程中，人们不仅实现生命的再生产，满足了人的自然属性，而且生产着人与人之间的社会关系。每个人不是单独存在的自然物，而是出于一定社会关系中的社会人。这种社会关系反映了人的社会属性，同时也是人的本质属性。

　　人们生产自己生活资料的方式，即生产方式，决定了人们的生活方式，进而决定了个人是什么样的。因为人们生产自己生活资料的同时生产着自己的物质生活本身。所以人们生产生活资料的方式也就决定了人们的生活以什么样的形式呈现出来。首先人们的生产方式是这些个人的活动方式，是他们表现自己生活的一定方式。他们怎么生产，个人就怎么表现他们的生活。生产方式总是由生活资料的特性所决定，所以个人的生活方式总是由生活资料的特性所决定的。人们生产什么，怎样生产决定他们是什么样的人。总之一句话，"个人是什么样的，这取决于他们进行生产的物质条件"①。农具生产产生农民的特质，工业机器生产产生工人的特质。因此，物质生产条件决定生产什么，也决定怎样生产，它们共同决定了个人怎样生活，进而决定个人成为什么样的人。原始社会恶劣的生活环

---

① 《马克思恩格斯选集》第1卷，人民出版社1995年版，第68页。

境下产生的是共同使用劳动工具平均分配产品的共同劳动者；资本主义发达的工业生产下，产生的是占有劳动资料并占有产品的资本家。

"人"是马克思主义唯物史观的现实前提，也是《形态》中研究人类历史发展规律一以贯之的线索。马克思从"人"出发，最后又回到"人"，马克思对未来社会的预测包含着个人的自由发展，使个人的发展与人类社会发展统一起来。这是一种逻辑统一，更是一种现实统一，这样反过来也证明了马克思的唯物史观对人类社会认识是科学的认识。

在《形态》，马克思多次对"人"进行说明，强调的"人"始终是现实的、处于一定生产活动中的人。首先，马克思确证全部人类历史的第一个前提是有生命的个人的存在。仅是从个人的肉体组织以及与自然的关系确证人的存在并不能把人同动物或别的什么区别开来。因此马克思找到了更为本质的存在即"个人是什么样的，这取决于人们进行生产的物质条件"。以一定的方式进行生产活动的人，总是发生一定的社会关系和政治关系，马克思进一步发现所谓"个人不是他们自己或别人想象中的那种个人，而是现实中的个人，这些个人是从事活动的，进行物质生产的，因而是在一定的物质的、不受他们任意支配的界限、前提和条件下活动着的"。从上面的基础描述中，可以发现"现实的人"包含着三个不可分割的方面，即"有生命的个人的存在""现实的物质生活条件"和"现实的人的活动"。这三方面决定了只能从现实的生产生活中认识和考察人。到这里我们发现马克思对"人"的认识突破历史上对"人"认识的局限，开始从现实的物质生产出发考察"人"。在物质生产的基础上，把人看作是"处在现实的、可以通过经验观察到的、在一定条件下进行的发展过程中的人，而不是处在某种虚幻的离群索居和固定状态中的人。"这样，马克思就从"现实的人"出发确立起科学的唯物史观。

唯物史观从现实的前提"人"出发，一刻也没有离开这个前提。唯物史观所说的人不是那种思考出来的、设想出来的、想象出来的人，某种虚幻的离群索居和固定不变状态中的人，而是现实中的个人，是从事一定物质生产，处在一定社会关系中并受一定社会历史条件制约的交往中的人。社会结构和国家也总是从一定的个人的生活过程中产生的。以一定的方式进行生产活动的一定的个人，发生一定的社会关系和政治关系，为争取利益或维护既得利益采取一定的制度安排或机构把这种利益关系固定下来，这样便形成一定的社会结构和政治结构。这些都是现实存在的可以通过经验观察到的，而不应当带有任何神秘和思辨的色彩。

"现实的个人"是社会历史的主体。从横向看，每一个现实的社会，包含着生产和交换，生产有物质生产也有精神生产，人与人之间有经济关系、政治关系还有道德关系；社会中既有家庭，还有各种机构组织。尽管社会包罗万象，结构复杂，但对这一切进行考察，它们都是人的活动，都不能脱离现实的人存在。生产和交往是现实的人的生产和交往，各种关系也都是人与人之间的相互关系，或者是其关系的外延。从纵向看"人类历史的发展过程不外是'现实的个人'前后相继的历史"①，是现实的个人生产和交往的过程。从这个现实前提出发，"历史就不再是像那些本身还是抽象的经验论者所认为的那样，是一些僵死的事实的汇集，也不再像唯心主义者所认

① 陆建猷著：《马克思主义文献解读》，中国社会科学院出版社 2008 年版，第 56 页。

为的那样，是想象的主体的想象活动"①。

2. 人类社会基本的历史活动

马克思不仅从"现实的人"出发考察人类历史的一般规律，而且具体地考察了贯穿人类历史始终的基本的历史活动。从这些活动本身说明人类历史发展是一个现实的物质生产过程，而且这个过程从未中断。马克思从人类历史的发展中抽象出四个具体的历史活动，即物质生活本身生产、新的需要的生产、人口的生产以及社会关系（社会存在）的生产。

第一个历史活动，生产物质生活本身，这是最基本的生产实践活动。无论在什么时候，基本生活资料的生产永远是人类社会必须进行的生产，也是其他一切生产的基础。为维持生命，就需要吃喝住穿以及其他一些东西。"因此，第一个历史活动就是生产满足这些需要的资料，即生产物质生活本身。"② 物质生活生产是人类得以产生、存在的物质基础，也是人类社会得以延续发展的前提，人类历史归根到底是物质生活生产的历史。因此历史是现实生活的不断延续，人们实现自身生活的过程就形成了历史。

从几千年前直到今天为维持生活就必须每日每时从事物质生产。圣布鲁诺轻视现实的生活生产活动，物质生活生产在圣布鲁诺那里被归结为像一根棍子那样微不足道的东西。即使这样，每个人都必须以生产这根棍子为前提。人们进行的生产与交往，结成相互关系的出发点不过是为了生活这个第一需要。在私有财产产生之后，也就是生活需求能基本满足之后，许多人的物质生产表现为对金钱的

---

① 《马克思恩格斯选集》第 1 卷，人民出版社 1995 版，第 73 页。
② 《马克思恩格斯选集》第 1 卷，人民出版社 1995 年版，第 79 页。

追逐，但究其本质，仍然是对未来生活需求的考虑。因此，任何历史观的第一件事就是必须注意物质生活生产的全部意义和全部范围，并给予应有的重视。

以青年黑格尔派为代表的德国哲学家们完全忽视了物质生活生产在人类社会中的基础地位，没能确立科学的研究前提，因而也就没能提出正确的历史观。法国人和英国人尽管受到统治阶级政治思想的束缚，没能全面地认识到物质生活生产同历史发展的关系，但毕竟首次写出了市民社会史、商业史和工业史，提出唯物主义的一些内容。从这个意义上说，法国人和英国人对历史的考察更接近历史真相，因为他们至少看到物质生产活动在本国生活中的重要地位。

第二个历史活动是新的需要的生产。新的需要的生产就是生产工具的生产。首先就满足生活所需的资料的生产来说必须以生产工具为前提。没有生产工具，就没有人类基本的生产活动。原始社会的最简陋的农业生产以及打猎都要有一定的生产工具，所以生产生活资料的实践离不开生产工具的生产。基本的需要本身在得到满足的过程中推动了新的生产工具的产生。已经生产出的生产工具是生产工具再生产的物质条件。所以不论从个人主观需要还是客观生产需要来说，生产工具的生产都必须是连续进行的生产活动。如果人类的追求仅限于满足基本的生存需求，而没有生产工具的生产，那么人类社会再也不会前进一步。人的需求总是递增的，特别是当人们基本物质生活得到满足后，已经提高的生活水平，新技术、新工具的出现都会引起人们更高层次的需求。满足生活需要的生产资料的生产是社会水平向前发展的动力，新的需要的生产是社会垂直向上发展的动力，这两种生产共同推动社会螺旋向前发展。这两种生产是同时存在于各个人类社会的各个发展阶段，不是两个阶段的生产。"生产生产工具的生产和满足人们生活需要的生活资料的生产共同构成'生产物质生活本身',他们是一切历史赖以存在和发展的首要的和最基本的条件。"①

德国的唯心主义者们直接忽视物质生活生产作为第一个历史活动的重要地位,没有看到物质生产在人类社会发展中的基础地位。因此在没有史料可以证明有物质生产存在的地方,德国哲学家们就否认这一段历史存在过。特别是在他们的神学、政治和文学立足的地方,他们更加不承认这是由物质生产决定的现实的历史。因为承认在这个时期存在历史就等于承认他们的理论都是谬论,所以他们不承认这一时期也是人类历史的某一阶段,仅仅是把这一段历史称为"史前历史(人类社会存在以前的历史时期)"。之所以他们把自己的理论放在"史前历史",是因为那时候还没有人类,更没有人类的生产活动。在那里他们的那些"谬论"就不会受到"粗暴事实(物质生产活动)"的干涉。在没有人也没有生产活动的"史前历史",还可以"让他们的思辨欲望得到充分自由,创立和推翻成千上万的假说"。在这里马克思讽刺德国哲学家们在纯粹思辨领域讨论历史的假说也只有在没有人类活动的"史前历史"才能自由发挥。在现实的物质生产活动中,这种假说马上会不攻自破。

第三个历史活动人口的生产,即繁殖。历史的前提是"现实的人",人是社会生产活动的主体,历史的生成离不开现实的人连续不断的生产生活,因而"历史不过是各个人发展过程的集合"。每日生产自己生活的人们不仅生产着他人的生活(交换生活资料),还生产着他人的生命,即繁殖。这一活动不仅提供生产活动的主体,即劳

---

① 高清海著:《马克思主义哲学名著评介》,吉林大学出版社 1989 年版,第109页。

动者，保证生活资料的生产以及新需要的生产的实现，从而使人类社会得以延续下去。这一活动还产生了人类社会最早的单位，即家庭；产生了人类社会最初的、也是唯一的社会关系，即夫妻关系、子女关系。后来，随着人口的增长产生了新的需要，为满足新的需要进行新的生产。新的生产突破家庭的范围成了在社会范围内展开的生产，因而人们开始在社会范围内建立起新的社会关系。这时候由社会生产所决定的社会关系超越家庭关系成了社会的主要关系，因而家庭与过去相比在含义和地位上都发生了重大变化。过去家庭是主要的生产单位，现在家庭的生产性质逐渐消失了，再也不能根据"家庭的观念"来考察和阐明家庭。

上述历史活动的三个方面，物质生活的生产，新需要的生产以及人口的生产不是三个不同的阶段，而是人类活动的三个方面，从人类历史最初时期起，从人类出现开始，这三个方面的活动就同时存在着，而且在现在也仍存在着。

第四个历史活动是社会关系的生产。人类历史的第一个前提有生命的个体的存在，生命的生产，一种是通过劳动达到自己生命的生产（通过劳动达到自己生命生产的同时，也生产着他人的生命，特别是在商品经济时代，从事物质生活资料生产的人占少数，就存在很大一部分人并没有生产自己的生活资料），一种是通过生育达到他人生命的生产。不论是哪种生产，在生产自己和他人生命的过程中，也实现了两种关系的生产：一种是自然关系，一种是社会关系（后来马克思用生产关系来代替）。

自然关系即人们在生产过程中形成的人与自然之间的物质交换关系。社会关系是指许多个人的共同活动，是指生产过程中的一切交往活动。共同活动说明物质生产不是单个人的活动，而是许多个人的共同活动。每个人在活动中都要结成一定的相互关系，这是由生产所决定的交往形式。在任何社会形态下，不论具体的生产条件、生产方式以及生产目的如何，都要形成的一种关系。其次，人们的交往形式以及相互之间的关系形成于生产过程中，所以交往形式以及相互关系在内容上取决于具体的物质生产。有什么样的生产工具、以及生产资料的状况都决定了人们在生产中形成怎样的关系。在原始社会用石器生产形成的交往与大工业下的机器生产形成的交往一定是不一样的。所以在生产力发展的不同阶段，由于人们的生产方式不同，人们的社会关系以及交往形式都会是不一样的。人们之间的相互关系是构成社会形态的主要内容，人们怎么交往，社会就怎么表现。所以就社会形态来说，就是一定的生产方式与一定的共同活动方式相联系，因而也就与一定的社会发展阶段相联系。在这里，共同活动方式既表现人与人之间的生产关系，同时也代表着生产力发展水平。因为人们的共同活动总是一定生产下的结合，是由当时具体生产条件所决定的交往。由此我们可以推出，人们所达到的生产力总和决定着社会状况，因而，始终"必须把'人类的历史'同工业和交往的历史联系起来研究和探讨"[1]。

这种由社会生产所决定的人与人之间的物质关系和人的历史一样长久。人类从产生起，就开始了生产与交往。生产决定人们必然有交往，而且是和生产同时出现的，具体生产方式决定人们以何种方式实现交往。所以人们之间一开始就有一种物质的联系，这种联系随着生产的发展不断采取新的形式，因而就表现为历史，它完全不需要任何宗教或政治的呓语。当然在这个过程中主体的选择也发

---

① 《马克思恩格斯选集》第1卷，人民出版社1995年版，第80页。

挥了不可忽视的重要作用，主体立足于现实的生产并从现实的关系出发作出选择。个人的能动选择会对历史发展产生这样或那样的理解，特别是一些历史人物由于性格、才干等会对历史发展其阻碍或促进作用，但是他们始终不会改变历史发展方向。

　　人类历史活动的四个方面都是贯穿于人类社会始终的现实活动。理解了人类历史的这四个活动，就能达到对历史本质的认识。从现实的物质生活资料以及生产工具的生产出发，就能说明感性世界中的一切都是现实的物质生产的结果。而人的现实性在前面我们已经确证过了，那人口的生产毫无疑问是现实的活动。就连人与人之间的关系也是在物质生产过程中形成的，而人与人最基本的关系就是产生于物质生产中的物质利益关系。思想、观念、意识的生产最初也直接是与人们的物质活动，与人们的物质交往联系在一起。意识产生于物质生产过程中，最直接地反映人与人之间的物质利益关系。德国哲学家们颠倒这种现实的关系，从天国降到人间，把产生于现实生产活动的意识看作是历史的前提。马克思的唯物史观则是从人间升到天国，从现实的历史活动出发还原现实的历史发展过程，并且从现实的物质生产出发阐明意识的发展，把意识看作是对现实的反映。

三、社会存在决定社会意识

　　"在我们已经考察了原初的历史的关系的四个因素、四个方面之后，我们才发现：人还具有意识。"马克思恩格斯在这里不是要说明考察完四个历史活动后，他们发现人的意识活动。在这里，马克思和恩格斯阐述了唯物史观的一个方法论，即社会存在决定社会意识。马克思初步把唯物论的观点运用于社会历史领域，奠定了唯物史观的基石。只有在考察历史活动的四个方面：物质生活资料的生产，新的需要的生产，人口的生产以及社会关系的生产后，才能实际地考察产生于这些物质生产与物质关系之上的社会意识。历史活动不是观念的存在，相反意识、观念等精神生产必然是在物质生产交往中进行，并总是受到这些物质活动的制约。

第一，意识产生于物质生产过程中

社会意识从内容来讲产生于现实生产过程中，从产生来讲也离不开物质生产活动。意识从一开始就受到物质的"纠缠"。这里的物质表现为振动着的空气层、声音，即语言。语言是意识的物质外壳，意识只是随着语言的产生才产生的。意识同语言一样，只是由于交往的需要才产生的。生命的生产不论是物质生活资料的生产还是生命的生产，都必然伴有交往。交往需要意识和语言，所以交往使语言和意识的产生成为可能。人们在劳动中首先"意识"到在自身之外还有他物的存在。后来由于生产活动需要更加密切的联系，人们在生产中逐渐产生了有关生产的各种思想。为了生产的顺利进行，独立存在的个人之间常常要进行一定的交流，因此产生了发展语言的必要性。语言尽管是服务于意识的，但也只有在语言产生后，意识也才真正产生。最初人们的表达还不是说话，而是采用一些记录性的语言，像结绳记事这样的一些方式，只是后来在劳动中逐渐地会写字、会说话。因而交往，特别是劳动中的交往使语言和意识的产生成为可能。意识和语言有同样长的历史，意识是人们的内在语言，语言是意识的外在表现，他们共同产生于劳动中。因而意识和语言都是物质生产的产物，是人们进行交往的工具和手段。意识的内容以及语言的内容一定反映着当时生产活动的内容，受生产方式所制约。

意识是人所特有的，动物没有意识。一方面是由于人脑的特殊性，人脑的构造为意识的产生准备了物质条件，而人脑的特殊构造决定只有人脑能产生意识。另一方面，如果没有现实的劳动实践，即使是人脑，也无法产生关于现实生活的意识。

我们说意识是交往的产物，而交往就是关于关系的内容，因而意识产生于关系中，没有关系，就没有意识。物质生产过程中产生了人与自然的关系，也产生了人与社会的关系，因而人们在生产中不断获得关于人与自然、人与社会的关系的认识。即人类不仅意识到自己的存在还意识到包括他人、他物在内的周围环境的存在，并且进一步意识到自身同周围环境存在某种不以人的意志为转移的关系。只有当人类认识到"我"与"我的环境"存在一定关系时，"意识"才能发展为意识。对意识必须把握两点：第一，意识是对关系的意识，而非对对象的认识；第二，意识总是关于自身的认识。我们一切活动的出发点都是我们自身，人们对外界事物的认识总是关于自己的认识，与自己无关的事不能进入人们的认识范围。即"凡是有某种关系存在的地方，这种关系是为我而存在的"①，所以意识的内容就是关于"我"同周围世界的关系的认识。

动物不对他物发生"关系"，所以动物就没有"自我意识"，因而动物就不能获取关于自身的意识，所以动物也就不会意识到他物同自己的关系。从这个意义上说动物是没有关系的，即使动物在自

① 《马克思恩格斯选集》第1卷，人民出版社1995年版，第81页。

然界中形成了相互联系、相互制约的生物链，它们同环境的这种联系也称不上是关系。动物只有本能，而无意识。因此意识是对关系的意识，是对自己同他物关系的意识，仅仅意识到他物，还不能算作意识的产生，只有当意识到自身同外在世界存在某种关系，这时意识才发展成为意识。因而，意识一开始就是作为社会产物而存在，而且只有人类出现后，它才产生。意识是人类社会特有的。

第二，意识在物质生产中逐渐发展为独立的意识形式。

人的意识并非一开始就像现在这样存在着。意识发展到一定阶段才能脱离物质，相对独立地存在。意识最初是对周围可感知的环境的一种意识。最初人们的生产能力低下，生产工具落后，人们还没有像现在这样，对自然界有比较充分的认识，对许多自然现象都还认识不了，因而人们像动物一样慑服于自然界。人与自然界这种狭隘的联系也就制约着人们的意识发展。受生产力水平的制约以及人与自然狭隘联系的影响，意识表现为对自然的一种纯粹动物式的意识。

具体说来就是这一阶段生产力水平比较低，生产工具、技术都比较落后，受物质生产条件的制约，人们认识和改造自然的能力也比较低。人们或者是直接从自然界获得生活资料，或者对从自然界获得的材料进行简单加工制作，人的各种能力还没有得到开发。对自然界认识不够，许多自然现象还都认识不了，自然界中存在的猛兽还有各种自然灾害也是他们无力抵抗的，他们像动物一样慑服于自然界。自然界对他们来说是一种不受控制的异己的存在。所以在原始社会的氏族部落里出现了各种图腾崇拜，部落成员把各种动物作为自己部落首领的象征加以膜拜。由于认识能力和改造能力都比较低，人们与自然界只是建立狭隘的联系。这种狭隘的联系一方面制约人们对自然的认识，另一方面制约人们对人与自然关系的认识。在这一阶段人们只能获得关于周围世界的片面认识，而且这种认识大多是关于事物现象和外部联系的感性认识。

在这一阶段人对自然界的认识尽管是一种纯粹的动物式意识，但这种意识动物却没有。人一方面尽管慑服于自然界，感到人在强大的自然界面前的"渺小"，同时人还意识到必须要和周围个人来往，也就是意识到个人同他人之间存在某种关系。人不同于动物的地方就在于：人有意识，动物有的只是本能。或者说人对自身的活动有了认识，人的活动是有目的有意识的，而不像动物那样是本能的活动，即人的意识代替了这种的本能，人的本能是被意识到的本能。

意识的进一步发展，从纯粹动物式的意识发展为相对独立的意识。随着物质生产条件的改善带动生产力水平的提高以及更高层次需求的出现，人们认识和改造自然的范围、能力相应扩大、提高，意识的内容也不再局限于狭隘的认识。同时伴随着分工从自然分工发展为社会分工，物质劳动和精神劳动相分离，出现专门从事理论研究的群体从体力劳动者中分离出来。这时意识不再局限于在现实的实践中产生。从这时候起，意识能够"脱离"物质，相对独立地存在。"它不用想象某种现实的东西就能现实地想象某种东西"[1]，人们的认识不再受到生产和交往的严格限制，能现实地想象现实中没有的东西，即意识这种活动不再以被认识的东西现实地存在为条件。意识具有相对独立性，"从这时候起，意识才能摆脱世界而去构造'纯粹的'理论、神学、哲学、道德等等。"[2]

---

[1] 《马克思恩格斯选集》第 1 卷，人民出版社 1995 年版，第 82 页。
[2] 《马克思恩格斯选集》第 1 卷，人民出版社 1995 年版，第 82 页。

意识具有相对独立性，是从辩证法的方向正确认识意识的能动性。但在任何时候都不能否认意识对物质的依赖性。物质决定意识，社会意识从一开始就作为社会的产物而存在，是在物质生产实践中基于生产和交往的需要而产生和发展的。所谓的"脱离"物质，它强调的是社会意识相对的独立性，即在某种程度上，人们的理论发展能超越现实生产的发展。

第三，社会存在决定社会意识，社会意识是对社会存在的反映。

"思想、观念、意识的产生最初是直接与人们的物质活动，与人们的物质交往，与现实生活的语言交往交织在一起"。在对意识的产生、发展考察之前，我们已经确立唯物史观的一个方法论，即物质生产是意识生产的基础。意识是在生产和交往中，和语言一起作为交往手段同时出现的。人们的想象、思维、精神交往是人们物质行动的直接产物。一句话，人们为了生活，必须生产；为了生产，必须交往，意识作为这些物质活动的产物，自然而然出现了。

单个人的思维、观念、精神交往是人们物质行动的直接产物，某一民族的政治、法律、道德、宗教、形而上学等也是物质生产和交往的结果。也就说由社会存在决定的社会意识不仅包括个体意识，还包括群体意识和社会意识；不仅包括普遍的社会心理，还包括占统治地位的意识形态。所有这些不同形式的社会意识仍然取决于社会存在。

人们是自己的观念、思想等等的生产者，但这种生产不是任意的。首先，人们是处于一定生产、活动中的人们，必然要受一定生产方式和交往形式的制约，在活动中产生的观念、思想必然要受到相应的制约，不可避免地表现一定的生产关系和交往关系。"意识到任何时候都只能是被意识到了的存在，而人们的存在就是他们的现实生活过程"①。意识的内容总是来自于现实的生活生产过程，有时会有一些虚幻的精神内容，这也并不违反社会存在对社会意识的决定作用。这些虚幻的内容仍然是以现实的社会生活为原型的，是对社会存在的歪曲反映。

其次，社会意识是对社会存在的反映，是对人们现实生活的反映。社会意识对社会存在的虚假反映是由人们生产生活的局限所决定的。某个时代的哲学家、政治家的理论总是表现出片面性，这种片面的反映也是对他们生活的那个时代的反映，是由他们当时生活的那个时代的现实决定的。"在全部意识形态中，如果人们和他们的关系就像在照相机中一样是倒立成像的，那么这种现象也是从人们生活的历史过程中产生的，正如物体在视网膜上的倒影是直接从人们生活的生理过程中产生一样。"② 马克思在这就是要说明如果我们在头脑中把现实颠倒了，得出不符合人类历史发展规律的结论，那也是由于当时的物质生活方式的局限性以及由此产生的他们的狭隘的社会关系造成的。特别是在阶级社会里，统治阶级为维护自己的统治，一定会千方百计地掩盖其阶级剥削的本质，掩盖现实存在着的矛盾。颠倒现实的剥削关系，使之变成某种天然的秩序是统治阶级惯用的手段。因而阶级社会的思想家们的创造活动必然受到统治阶级所营造的假象的制约，没能抛开假象达到对本质的认识。

最后，如果思想家们的理论同现存的关系发生了矛盾，实际上正是反映了现实生活的对立。即现存的生产力和现存的生产关系之间产生了矛盾，从而引起了生产关系和上层建筑之间的矛盾。必须变革旧的生产关系来适应生产力的发展，在阶级社会里，表现为推

---

① 《马克思恩格斯选集》第 1 卷，人民出版社 1995 年版，第 72 页。
② 《马克思恩格斯选集》第 1 卷，人民出版社 1995 年版，第 72 页。

翻统治阶级的统治。当然这种社会意识同现实的矛盾在某一民族内部，可能存在不同的原因。如果该民族意识与该民族的实践相适应，而是同其他民族的意识和实践相矛盾，原因可能在于该民族的发展（生产力的发展）远远落后于其他民族。历史上存在这样的状况，当大部分国家即将进入资本主义社会，在社会上仍存在处于原始氏族部落的民族。原始部落的意识同普遍的资本主义意识之间必然存在矛盾，只是落后意识同先进意识之间的矛盾。马克思指出，德国民族意识就同当时普遍意识产生了矛盾。最终根源在与德国的发展已远远落后于其他民族的发展。

从现实的人、从事生产活动的人出发，而不是想象的人出发；从现实的生活过程出发，而不是从绝对精神的自我实现出发。这样就会发现意识不是从来就有的。意识在生产和交往中产生，意识的内容总是对人类社会各个阶段的物质生活的反映。即使是模糊存在于人们头脑中的幻象也能在现实的生活中找到其产生的物质根源，所以"道德、宗教、形而上学和其他意识形态，以及与它们相适应的意识形式便不能再保留独立性的外观了。"①

意识是历史地发展着，但意识没有独立的历史，它依附于物质生产与交往。人们"只是发展着自己的物质交往和物质生产的人们，在改变自己这个现实的同时也改变着自己的思维和思维的产物。不是意识决定生活，而是生活决定意识。"② 现实的人为了能够生产自己的生活资料，客观上生产了与自然的关系，与他人的社会关系，也生产了与自我意识的关系。因为在任何一次的生产活动中，为了使生产结果符合生产目的，人们总是在一定的思想的指导下进行生

---

① 《马克思恩格斯选集》第1卷，人民出版社1995年版，第73页。
② 《马克思恩格斯选集》第1卷，人民出版社1995年版，第73页。

产。所以人们在改变自己现实的物质环境的同时也使思维不断地发展，最终实现人们对物质世界的认识在广度、深度和准确度上都不断提升。

"在思辨终止的地方，在现实生活面前，正是描述人们实践活动和实际发展过程的真正的实证科学开始的地方。关于意识的空话将终止，它们一定会被真正的知识所代替。"① 所谓思辨终止的地方就是在现实生活面前，实证科学是可以用经验证明的科学。人们把对人类历史的考察从思辨的领域转向现实生活，不仅避免了哲学的非实证性，而且把哲学的思辨与经验的方法相结合产生了实证科学，即历史唯物主义。历史唯物主义作为"真正实证的科学"产生，将取代一切脱离现实生活的唯心主义历史观。

四、唯物史观与唯心史观的对立

1. 唯物史观与唯心史观对历史发展过程的理解不同

唯心史观从意识出发，把历史看成是精神发展史；而唯物史观则从现实的物质生产出发指出历史不外是各个世代的依次交替。每一代都利用以前各代留下来的材料、资金和生产力，一方面在完全改变了的环境下继续从事所继承的活动，另一方面通过自身的活动改变旧的环境，变更了的旧环境又成为下一代从事生产生活的物质

---

① 《马克思恩格斯选集》第 1 卷，人民出版社 1995 年版，第 73 页。

前提。这种由前后相继的物质生产形成的历史发展过程在唯心主义者那里变成意识的自我发展。他们认为后期历史是前期历史的目的，即后期会有什么样的发展，在前期历史中早有定论。所以他们认为美洲的发现（前期），是为了促使法国大革命的爆发（后期）。从现实的生活过程出发就可以发现唯心主义者所认识到的这种历史联系是由于物质生产活动的继承性所决定的。对前期历史的认识以及包括这种历史的继承性都是我们从历史发展进程抽象出的观念、范畴。

我们应当这样理解前期历史与后期历史的关系。生活在每一时代的人们立足已获得的物质条件，进行满足自己需求的生活生产。他们生产自己的生活客观上创造了下一代的物质环境，但不能因此就说当代人生产的目的就是为着下一代生活。美洲的发现使各国在世界范围内的贸易更加频繁，从而加速世界市场的形成，在客观上推动法国大革命的爆发。但美洲的发现绝不是为了法国大革命的爆发准备条件，历史事件之间的联系是物质世界发展进程中不以人的意志为转移的客观联系。我们现在说要实现可持续发展，为子孙后代着想，正是我们从人类社会发展规律出发，从前期历史对后期历史影响中作出的正确选择。从物质实践出发，只能感知当前，也可通过对史料的研究，还原过去的历史，但未来会发生什么，有其发展方向，但具体发展不在先前就形成的规定中。

2. 唯物史观与唯心史观对革命动力理解不同

唯物史观与唯心史观不同，它不是从每个时代中寻找某种范畴，而是始终站在现实历史的基础上，不是从观念出发解释实践，而是从物质实践出发解释各种观念形态。所以意识的一切形式和产物不是可以通过精神的批判来消灭的，不是可以把它们消融在"自我意识"中或化为"怪影""幽灵""怪想"等等来消灭的。青年黑格尔派就是想要通过消灭存在于头脑中的虚假观念达到对现实的批判，头脑中的幻想固然要抛弃，但一当消灭现实的经济统治和政治统治后，这些幻想会实现自我消灭。所以只有通过实际地推翻这一切唯心主义谬论所由产生的现实的社会关系，才能把他们消灭。历史的动力以及宗教、哲学和任何其他理论的动力是革命而不是批判。推动历史向前发展，只有不断变更不适应生产力发展的生产关系，而变更了的生产关系必然会实现对宗教、哲学、理论的批判。

历史不是产生于精神的精神消融在"自我意识"中，而是历史的每一阶段都会遇到一定的物质结果，一定的生产力总和，人对自然以及个人之间历史地形成的关系，都遇到前一代传给后一代的大量的生产力、资金和环境。马克思在这里所指的环境不仅是人们生活在其中的感性的物质世界，它同时表现的是各种社会力量的总和，包括最具体的劳动工具、劳动资料和劳动对象以及所达到的生产力水平，阶级关系以及阶级力量对比状况等等在物质生产基础上形成的各种力量、各种关系的总和，这个总和决定历史发展方向。一方面这些生产力、资金和环境为新的一代所改变，但另一方面，它们也预先规定新的一代本身的生活条件，使它得到一定的发展和具有特殊的性质。由此可见，人创造环境，环境也创造人。这里一方面强调人们的主观能动性，即在历史面前的主体作用，一方面物质生产以及生产的物质结果在历史长河中总是决定历史发展方向。

3. 唯物史观与唯心史观对物质生产的地位理解不同

每个人和每一代遇到的现成的生产力、资金和技术，以及在此基础上的继续生产都是人类社会存在发展的现实基础，尽管以青年黑格尔派为代表的一些唯心主义者试图以"自我意识""唯一者"等代替这个现实的基础，但物质生产从没被精神生产所代替，而物质生产也不可能在精神领域完成，这个现实基础不管是否被承认都必然在支撑着人类社会的发展。

而迄今为止的历史观要么是完全忽视物质生产，要么即使看到作为现实基础的物质生产，也没有把它看作是决定历史发展的要素，而是看作某种非历史的东西。因此遵照另外的尺度来构造历史，例如意识，把历史看成是某种处于世界之外和超乎世界之上的东西。如果人们排除现实生活生产的历史性，不把物质生产看成是前后相继的历史过程，那他们也就必然不会看到自然界的历史变化。而自然界的历史发展变化是我们用经验可以直接感知的，否定自然变化的理论从它本身来讲都是站不住脚的。

物质生产过程是自在自然不断转化为人化自然的过程。人们满足需要的生活资料来自于自然界，人们的物质生产过程总是在自然中进行的，人们生产结果必然引起自然界的变化，所以人类历史发展进程也是自然界变化发展的过程。所以如果我们排除现实生产的历史性，也就排除了自然界的历史，这显然是可以通过经验说明的，原始人生活在未经改造的自然界绝不同于信息科技时代的环境。自然界不是一成不变的，自然界也有其发展变化的历史。存在自然的历史，即我们生活的周围世界不是从来就这样的，它是世世代代人们生活生产的结果。客观物质世界的变化证明物质生产是现实的，更是历史的变化过程。

唯心史观脱离现实的生活生产专注于思想领域寻找社会发展的根源，因而他们看到的只是重大的政治事件，宗教以及理论等在纯粹思想领域的斗争，并把政治的或宗教的动因看作是历史的动力。

本来是由经济决定的政治和宗教的表现成了原因，等同于关于实践的想象、观念变成支配实践的决定力量。生产中形成的分工导致的经济地位的不平等经常表现在国家和宗教观念中。这一事实在唯心主义者那里被扭曲成了这样：是由于国家和宗教在观念上就有关于等级的规定，所以在生产生活中才会有等级分工。

　　在这一点上，法国人和英国人进步的地方在于，他们对历史发展动力的认识尽管不正确，但他们至少看到了代表阶级利益的政治统治，而德国人却在"纯粹精神"领域中兜圈子，把宗教幻想推崇为历史的动力。历史在圣布鲁诺是一连串的"思想"一个代替一个，最终消融在"自我意识"中；施蒂纳甚至不相信历史的存在，提出借助"不信神"来摆脱历史的幻觉。这恰好说明在施蒂纳眼里人类的历史就是宗教发展史，他甚至不承认存在没有宗教的社会，所以在他那里宗教人是历史起点的原人，现实的生活生产是宗教幻想中的生产，一切都成了宗教幻想的产物。宗教不过是由于受到狭隘生产关系制约呈现出对现实世界的歪曲反映。宗教是自然压迫和社会压迫的产物。由于生产力水平极端低下，对自然界认识不足引起人们对自然界的恐惧和慑服，从而崇拜这种没能认识的力量，勾画出各种神灵加以膜拜；与此同时统治阶级便利用人们对未知力量的恐惧加强对人们思想的控制来巩固阶级统治。宗教最初是被压迫者对现实苦难的叹息和抗议，而后被统治阶级所利用，成为统治被压迫者的思想工具，因而宗教是麻痹人们的精神鸦片。宗教也只是人类社会发展到一定阶段产物，它不是从来就有的，也不会永远存在下去。只要从现存的现实关系出发，这些论调就会变成某种胡说八道。

　　唯心主义者看不到现实的经济利益、政治利益对历史发展的决定作用。马克思恩格斯指出人们一切活动的出发点都是来自对利益的追求，最根本的是经济利益，一切政治统治、思想统治不过是维护经济利益的工具。所以马克思从物质生产出发，从现实的经济利益出发找到反映人类历史发展的一般规律。

唯物主义历史观的区别于其他一切历史观的地方在于它是"从直接生活的物质生产出发阐述现实的生产过程，把同这种生产方式相联系的、它所产生的交往形式即各个不同阶段上的市民社会理解为整个历史的基础，从市民社会作为国家的活动描述市民社会，同时从市民社会出发阐明意识的所有各种不同理论的产物和形式，如宗教、哲学、道德等等，而且追溯他们产生的社会过程。"[①]

---

① 《马克思恩格斯选集》第 1 卷，人民出版社 1995 年版，第 92 页。

第二章 历史唯物主义的主要内容

一、人类社会发展基本要素

马克思从现实的人以及现实的生产出发追溯人类社会发展历程，发现在人类社会的每个发展阶段都存在着生产、分工以及交往这样的一些历史活动。并且发现人类社会在生产、交往以及分工这些要素的推动下不断向前发展。

1. 分工与人类社会发展

首先我们要明确分工在《形态》中的具体含义。分工最初只是性别分工，后来由于天赋（例如体力）、需要、偶然性等等才形成自然分工。自然分工经常表现为家庭中由于体力等形成的家庭成员之间的分工。家庭中的丈夫承担主要生产，在家庭中地位较高。后来随着人口的增长，生产和交往突破家庭的范围在社会范围进行生产交往活动，这样社会分工产生。分工在物质劳动和精神劳动分离的时候才发展为真正的分工。

分工在物质劳动和精神劳动分离时才成为真正的分工。这是因为，物质劳动和精神劳动的分离，分工不再是按照体力、性别等因素进行的物质生产的分工，在范围上也不是仅仅局限于家庭，而是开始按照劳动类型在全社会范围内进行广泛分工。体力劳动与脑力劳动产生出明确的界限，出现专门的脑力劳动者。

这些脑力劳动者他们并不生产生活资料，而是通过对他人劳动的占有，支配他人生产的生活资料，维持自己的生活。这就从社会成员中分离出这样一些人，他们专门从事政治、社会管理，不参加生活资料的生产，而是占有他人的生活资料，这些人逐渐从社会成员中分离出来成为统治阶级，并利用这种权力占有财富。这种对财富的不平等占有一方面产生了私有制，一方面产生了失去生产资料的被统治阶级。占有他人劳动从而占有生活资料的这些人必然会利用已取得的统治地位维护这种所得，并使这种分工固定下来。因而，体力劳动和脑力劳动的分离，使社会分工稳定地存在于现实生产生活中。形成更为广泛、更为稳定的社会分工，并形成维护这种分工的社会力量，社会成员日益分裂为对立的阶级。社会分工使人类社会发生重大改变，特别是社会分工条件下形成对固定的职业分工。

以私有制为基础，分工发展为固定的职业分工。职业分工从属于社会分工，是私有制下社会分工的主要表现形式。社会分工不仅包括具体的职业分工，还包含生产资料以及劳动条件在各个生产者之间的劈分。城市乡村的分离，工业和农业的分离都是社会分工的内容。不能把社会分工当作具体的分工形式，分工是整个社会普遍存在的现象。马克思在《形态》中主要论述的是社会分工，其含义主要指向生产中的职业分工。下面关于分工的论述，主要是指社会分工。

首先，就分工与生产力的关系来说，分工和生产力相辅相成。一方面分工推动生产发展，另一方面生产发展也推动分工进一步扩大。就分工对生产的推动作用来说。分工是生产的主要形式，也是提高生产效率的有效形式。要实现生产力的快速发展，必须要有有效的分工形式。纵观人类生产的历史都是按照分工组织的生产。分工促进生产力水平不断向前发展。从这个意义上说生产力和分工共同推动人类社会向前发展。分工也是人类社会发展的动力之一。

不仅分工是生产力发展的原因，分工也是生产力发展的结果。随着生产的发展，由物质生产条件决定的生产方式就不同，因而分工就采取不同的形式。生产力发展引起分工的进一步扩大，生产力发展水平越高，分工越发达。一个民族的生产力发展水平，最明显地表现于该民族分工的发展程度。

原始社会生产力水平比较低，相应地分工就不发达，只限于家庭成员的分工。到奴隶社会，生产力水平进一步提高，分工也进一步扩大，农业从畜牧业中分离出来，这一时期并且产生了体力劳动和脑力劳动的分离。到封建社会，手工业出现。与奴隶社会相比，分工进一步扩大。但是分工仍不发达，手工业内部的分工还比较少，手工业者要掌握全部的手艺。在资本主义社会，其生产力比过去几个世纪创造的生产力总和还要多。相应地，在资本主义社会，分工已经相当发达，特别是在工业革命的推动下，从机器大工业到工场手工业，分工越来越细，专业化程度越来越高。固定的职业模式在资本主义社会也完全形成，社会生活完全实现固定化。

其次，就分工与生产关系来说。生产关系有三方面的内容，生产资料归谁所有，劳动产品如何分配以及劳动中人们之间的地位如何。

第一，分工与生产资料所有制是相等的表达式。"分工从最初起，就包含着劳动条件——劳动工具和材料——的分配，也包含着积累起来的资本在各个劳动者之间的劈分，从而也包含着资本和劳动之间的分裂以及所有制本身的各种不同的形式"①。分工本身就包含着对生产资料的不同占有，如果没有拥有不同劳动条件的所有者，也就没有分工。只有当各自拥有不同的生产资料，你有弓箭、我有刀具、他有炊具，大家一起打猎，分割猎物，做成食物，分工合作，才能享用劳动产品。如果每一个家庭既有弓箭又有刀具还有炊具，那分工就会停留在家庭中而不会发展为社会分工。只有不同的生产资料归不同的所有者，分工而且是社会分工才成为必须。

因为分工和私有制是相等的表达式，所以社会分工的形成过程也是私有制的产生过程。因此可以从分工的产生现实地考察私有制的形成。最初人们生产能力低下，在劳动中必须采取协作的方式才能获得生活所需产品。在共同的生产活动中，逐渐地分离出一部分人专门管理部落共同的生产资料，管理社会事务。这时物质劳动和精神劳动分离，也就是社会分工开始形成。这些管理者在部落中的地位较高，管理部落的生产资料主要是一些劳动工具。随着人们生产能力的提高，生产工具在数量和质量上都比以前有很大发展。管理生产资料的这些人由于职业的特殊性形成权力，这些管理者成了最早的生产资料所有者。随着生产的发展，生产资料越来越多，对生产资料的占有也越来越集中。这样长期发展的结果就是劳动资料和劳动产品为一部分人支配，而另一部分人没有或只有很少一部分

① 《马克思恩格斯选集》第 1 卷，人民出版社 1995 年版，第 127 页。

劳动资料和产品，拥有生产资料的这一部分人逐渐形成支配他人劳动的权力。

所有制就是对他人劳动力的支配。随着社会分工形成的对生产资料的占有，满足所有制的这个定义。因为这些生产资料是劳动者的劳动成果，却被非生产者占有，这样非生产者实际上就占有生产者的劳动力。在家庭中最早形成的分工一定程度上也满足所有制的含义。家庭中非常原始和隐蔽的所有制表现为妻子和女儿是丈夫的奴隶。这种原始的隶属关系也符合所有制的定义，即所有制是"对他人劳动的占有"。分工的不同发展阶段，所有制表现为各种不同形式。在阶级社会里，所有制就是私有制。因为，在阶级社会里生产资料总是归个人占有。所以在阶级社会里，"分工和私有制是相等的表达方式，对同一件事，一个是就活动而言，另一个是就活动的产品而言"①。所有制背后隐藏的是人们之间的物质利益关系。

第二，分工制约产品分配。原始社会生产条件落后，人们的劳动产品没有剩余，只有平均分配劳动产品才能把分散的力量团结起来共同劳作才能获取少量的生活资料。在这一时期，如果不采用平均分配劳动产品，就不能实现人们的共同劳动，每个人也就无法维持生命。后来随着生产的发展，剩余产品出现。在长期分工打猎中，特别是在产品有了剩余以后，总是实行平均分配已变得不可能，弓箭的所有者可能就会要求多分配产品。与分工同时出现的不仅是对产品的分配，还有对生产资料的差别占有。由于生产资料归属于不同的所有者，必然导致对劳动产品的不同占有。生产资料所有者一定会要求占有多数的劳动产品，而没有生产资料的劳动者分得少量

---

① 《马克思恩格斯选集》第 1 卷，人民出版社 1995 年版，第 84 页。

产量只够维持生活所需。对产品的差别占有，更加巩固了生产资料所有者的主导地位。分工导致对生产资料的差别占有的，同时导致对产品的不同分配。

第三，分工决定了人们在生产中的地位关系。从分工的本身来说，分工必然导致不平等。只要存在分工，人们之间就不可能实现真正的平等。从生产资料的占有以及产品的分配来说，由人们之间的经济利益关系决定人们之间的地位不可能实现平等。生产资料所有者占有生产资料，雇佣劳动者生产产品，最后产品归生产资料所有者。在这一过程中，劳动者生产的产品不仅不能归个人所有，反而全部归生产资料所有者。劳动者个人只分得少部分的产品，仅仅能维持自己以及家人的生存。从这种占有关系就能看出生产资料所有者对劳动者赤裸裸的剥削关系。

再次，就分工与意识发展来说，分工也是意识发展的推动力。分工推动意识的产生与发展。只是由于生产和交往的需要，语言和意识才产生。正如生产离不开交往，交往离不开意识。语言和意识是人们实现交往的必要条件。生产与交往总是通过分工进行的，生产和交往的具体形式总是同分工相联系，所以意识和语言的产生也必然的与分工联系在一起。即使早期的简单劳作下，只要他们独自完成不了，他们就会以合作的方式完成，在交往中认识自己也认识他人；在最初的自然分工下，即使分工有限地存在于家庭中，仍然还是要进行任务分配，谁播种谁耕地，这些想要传递的信息推动人们意识和语言的产生。分工同时还推动语言也在发展着，最初他们只会用一些肢体动作进行表达。后来，在劳动中人们学会说话，并尝试用各种方式记录发生的事情，最终发明了文字，成为人类文明的源头。与此同时，分工也在推动着意识的发展。在分工的推动下，意识从低级向高级发展，特别是在最大的一次分工中，物质劳动和精神劳动相分离，产生了专门从事理论构造的脑力劳动者，脱离具体的生产实践构造纯粹的理论。在阶级社会里，理论与理论、理论与现实总是存在着矛盾，这是因为分工下形成不同利益者，产生于不同利益团体的理论总是为各自的利益辩护的，因而不可避免的会产生矛盾。

最后，就分工与社会各种现象来说。分工不仅能促进生产力的发展，而且决定了人们对生产资料的占有以及产品的分配，即决定了人们之间的经济利益关系。物质利益关系在社会生活中处于支配地位，人们的各种活动以及相互之间的关系都取决于人们之间的物质利益关系。分工决定了人们之间的物质利益关系，也就决定代表不同利益关系的阶级以及国家的产生。

第一，分工的发展产生了单个人的利益和共同利益之间的矛盾。分工造成人们对生产资料的不同占有，决定人们对产品的不同分配，因而也就产生了人们之间的利益关系。这种利益关系逐渐表现为特殊利益与公共利益、单个利益与共同利益的矛盾。一方面由于分工，每个人、每个家庭都是作为个体独立地存在，他们都有自己的特殊的个人利益，即每个人都要求保证维持每日生活所需的必需品。同时，由于分工是一种社会分工，是许多社会成员共同参加的生产活动。在分工的形式下进行生产的人们，他们之间必然结成一种相互依存的关系，在相互依存中形成团体的共同利益。

原始的狩猎、畜牧需要彼此联合，今天的全球化的机械操作更是这样。汽车最小的零部件的生产都需要几千道工序的联合才能生产出来。既有本部门的各个工人的联合，还要相关部门的联合生产，而且和以前相比社会成员之间依存关系更为紧密。分工使得各个人联合在一起，产品的实现离不开每一个人的分工，因而他们总是作为利益团体的组成部分而存在，分工形成了他们之间的共同利益。个人利益与共同利益之间的矛盾斗争在阶级社会里贯穿人类社会发展始终。人们为实现个人利益不可避免地要进行相应的斗争，而共同利益又使人们不断走向联合。个人利益和共同利益的斗争、联合产生了阶级、国家以及其他社会组织结构。

第二，分工导致阶级的产生。分工产生个人利益与共同利益的矛盾。共同利益使每个单个的成员逐渐走向联合，最后联合为一个团体，发展为以共同利益为基础的阶级。经常地，共同利益的形成是由于每个人所处的生产条件决定，阶级的产生也就形成于物质生产过程中。生产资料所有者由于掌握着生产资料也就掌握当时社会的生产，因此这些生产资料所有者为维护共同的生产利益就经常联合为一个阶级。劳动者由于处于共同的生产条件之下，他们作为一个利益共同体逐渐联合为一个阶级，在生产中居于主导地位的阶级统治其他一切阶级。阶级产生后，原来有时还会表现为个人利益与共同利益的冲突，现在却经常表现为阶级之间的利益冲突。这样，人类社会的发展也就转变为阶级社会的发展。在阶级社会中，各种社会冲突、斗争归根结底总是不同阶级之间的利益斗争。

第三，分工导致代表不同阶级利益的国家的产生。分工产生共同利益与个人利益的矛盾，分工还导致阶级的产生，最终使阶级之间的利益冲突取代个人之间的利益冲突成为人类社会的主要矛盾。占有生产资料的阶级由于占有社会财富，也就形成控制社会的权力。这一阶级为实现彻底的统治就建立起维护统治权力的政权机构，即国家。

统治阶级一开始就在经济上占统治地位，该阶级建立国家实现政治上的统治是为了巩固经济统治，更好地实现本阶级的利益。统治阶级总是以共同利益的代表实现对各个阶级的统治。共同利益所具有的普遍性的形式被这些"有心人"所利用，这些人以"共同利益"的代表要求对整个社会实现管理、统治。这时的"共同利益"同最初个人之间由于相互依存关系存在着的现实的共同利益已经不同。这里的共同利益采取的是虚幻的形式，它仅仅代表的是统治阶级的利益，与被统治阶级的利益诉求不仅没有共同点，一般是背道而驰。"普遍的东西一般说来是一种虚幻的共同体的形式"，他们所说的共同利益仅仅是统治阶级之间的共同利益，是放大了的利益共同点。这种共同利益实际上是与大多数人的利益相对立。

　　从国家的实际产生过程考察，再现国家产生的历史过程，就可以发现国家是作为"共同利益"的代表出现的。国家产生于原始氏族部落，从各个家庭开始联合为部落起，就开始产生部落成员的共同利益。为维护成员的共同利益，从部落成员中产生出这样的一些人从事部落的管理。比如像解决成员纷争，防止大规模斗争颠覆部落组织，还有组织部落成员参加集体活动等。这些职位最终形成一种特权，对部落成员具有威慑力。随着不同部落成员之间的往来，在不同部落之间也形成了共同利益，于是产生了调节不同部落利益的组织结构。这些组织机构在长期的利益斗争中发展为国家。从表面上看，似乎国家是为维护共同的利益，调节社会利益冲突而存在。实际上，国家掌握在统治阶级的手中，维护的是统治阶级的利益，以共同利益的形式打击与统治阶级利益相抵触的阶级利益。

　　统治阶级不仅占有社会的生产资料，掌握着产品的分配，而且还掌握着社会的权力，实现对全社会的管理。上升为社会的统治阶级，压迫、剥削其他阶级。他们把自己的利益说成是普遍利益，并以全社会的共同利益自居。同时采取虚幻的共同体形式维护本阶级利益，这个虚幻的共同体形式即国家。这种共同体之所以是虚幻的，是因为他们不过是把私人利益说成是普遍利益，并以共同利益的代表凌驾于各阶级之上。因而，国家不过是统治阶级镇压被统治阶级以实现本阶级利益的工具。

国家始终是"在每一个家庭集团或部落集团中现有的骨肉联系、语言联系、较大规模的分工联系以及其他利益联系的现实基础上，特别是在我们以后将要阐明的已经由分工决定的阶级的基础上产生的"，① 所以国家不过是实现统治阶级利益的工具。在其现实性上，国家不过是在血缘、交往以及分工基础上形成的利益关系的代表。统治阶级通过国家使私人利益取得共同利益的形式，并使统治社会的权力获得合法的形式，进而掩盖其剥削阶级的本质。国家一方面为维护统治阶级的既得利益提供保障，另一方面也是使统治阶级能获取更多利益。

所以，国家内部的一切斗争，民主政体、贵族政体和君主政体之间的斗争，以及争取选举权的斗争，不过是一种虚幻的形式。或者说其本质是不同阶级之间的利益斗争。民主政体、贵族政体或者是君主政体都只是国家政权的组织形式。君主政体是一个人掌握国家政权，贵族制是由少数人掌握国家政权，民主政体是由多数人掌握国家政权。不论是君主制、贵族制还是民主制都只是作为阶级利益的代表出现的，区别只是在于所代表的阶级的不同，是代表奴隶阶级的利益、贵族的利益，还是代表新兴资产阶级的利益。所以这些政体之间的斗争归根到底是其背后统治阶级利益的争夺。国家内

---

① 《马克思恩格斯选集》第 1 卷，人民出版社 1995 年版，第 84 页。

部的一切斗争归根到底是阶级斗争。在阶级社会，人类社会发展的历史就是阶级斗争的历史。

这同时给我们一个启示，每一个力图取得统治的阶级，都必须首先夺取政权，以便把自己的利益说成是普遍的利益。国家总是以公共利益的代表出现的，所以人们认为只有掌握国家政权，才能实现人们的共同利益。所以一个阶级要想取得统治地位，必须要掌握国家政权，把本阶级的利益说成是普遍利益，进而通过国家，实现统治目标。无产阶级也必须这样做，无产阶级要推翻现存的一切剥削、压迫的制度，实现全人类以及自身的解放，就必须首先夺取国家政权。由于以往的一切社会都是以私有制为基础剥削、压迫被统治阶级的社会，无产阶级只有先夺取国家政权，实现政治上的统治，才能真正实现全体社会成员的共同利益，在经济上、政治上实现独立。

分工造成社会成员对生产资料和劳动产品的不同占有，相应地形成不同的阶级以及阶级利益的斗争。在此基础上国家作为阶级利益的代表出现。从私有制、阶级到国家都是在分工的基础上产生的社会现象。

此外，分工还导致了固定的职业范围。职业分工是社会分工的一个主要表现。分工是生产的只要手段，主要表现为人们分居在不同行业、领域进行协作生产。这种生产分工从原始社会就存在，只是那时候还不是完全表现为社会分工。以打猎为例，打猎是原始居民维持生活的一个重要生产活动，成为人们的一个生产活动。猎物的凶猛决定靠一个人是完成不了的，而必须是多个人的共同协作。在实际的捕猎过程中，就分离出专门从事工具制造的这样一些人，还会有从事猎物分配的这样一些人，这样原始的职业分工就形成了。

在长期的打猎生产中，他们就固定下来从事不同的工种，有实际捕猎的（这里还分为攻击猎物不同部位）、有制造工具的、有分配劳动成果的，劳动的性质不同。

随着生产的发展分工进一步扩大，职业化的社会分工不断加强。职业分工成为主要的生产形式。从整个社会来看，首先看到的是不同行业的分工，历史上三次大的分工就是不同行业分工的形成。第一次是畜牧业和农业分离，第二次是手工业和农业相分离，第三次是商业从手工业中分离出来。每一行业由于生产、服务产品的不同又划分出众多的小行业。以生产花布为例，纺纱、织布、印花是生产花布的三个劳动过程，现在这三个劳动过程变成三个独立生产的行业甚至更多行业部门。可能是出现专门纺纱、专门织布、专门印花的专业化生产部门，分工的进一步细化还会出现专门收购棉花和售卖棉花的部门。从部门内部着眼，同一生产部门内部不同工种由不同的人担任，也就是从事某种劳动的个人之间又形成不同的分工。以纺纱为例，纺纱不可能是一道工序就能完成的，在将棉花纺成纱的工序中，必然要将工人安排在流程的各个工序上，分工协作完成纺纱。分工的发展既是行业分工越来越细化，同时也是行业内部分工越来越细化，即专业化程度越来越高。特别是在当今社会，每天都有新的行业出现，进行专业化生产。就个人分工来说，每一道生产流水线上，每个人只负责一道工序，效率大大提高，同时我们应当看到这种高效的简单机械劳作也越来越变成一种束缚人的异己力量。从分工的划分可以发现，分工把每个人限制在越来越小的范围内，越来越细的职业分工使每个人的活动范围越来越小。

当分工一出现之后，任何人都有自己一定的特殊活动范围，这个范围是强加于他的，他不能超出这个范围："他是一个猎人、渔夫或牧人，或者是一个批判者，只要他不想失去生活资料，他就始终应该是这样的人"①。分工使人们固着于特定的职业，他们没有时间也没有机会从事其他的活动。因而不能根据兴趣自由地做想做的事，相反他们只能是猎人、渔夫、牧人或批判者之一，永远没有机会实现上午打猎，下午捕鱼，傍晚从事畜牧，晚饭后从事理论批判。固定的职业分工把每个人限制在狭窄的专业范围内，使每一个劳动者失去自由。这种情况下的分工就不是出于自愿，而是被迫进行的，不是自愿地而是自发地形成的。这样人们在分工下从事的各种职业性工作对人本身来说不是自觉自愿的活动，而是一种异己的、同他相对立的力量。因而分工对人来说是一种异己的，使人丧失主动性的力量。同时劳动也被异化了，人成为劳动的奴隶，"劳动沦为劳动者对于劳动的屈从、主体对客体的屈从、人对物的屈从"。

伴随着分工的扩大，不仅职业范围越来越小，而且专业化程度越来越高。生产劳动的单一性程度越来越高，相应地，人们也就被训练为重复简单机械劳作的机器人。人的各种能力，想象力、判断力等逐渐退化了，人变成受局限的动物，精神和肉体成了分工下的牺牲品，成畸形发展的片面的人。重复机械劳动不仅不符合人的创造本性，压抑了人性，而且每个人只专注于一种劳作，逐渐丧失生存的能力，一旦离开特定岗位，没有了生存技能。

分工导致的社会生活的固定化，工人们被固定在某个职业上，他们作为生产的主体，却没有享受生产结果，他们创造的生产力却不受他们统治，反而变成一种在他们之外的强制力量。另一方面他们还要受到雇主的监督，强迫他们每日都要不间断地进行劳动，而

---

① 《马克思恩格斯选集》第 1 卷，人民出版社 1995 年版，第 85 页。

且劳动强度越来越大。只要他们不想失去生活资料，他们就要加入生产不能自由加入或自由退出，因为他们除了劳动力外一无所有，没有任何可供出卖的生产资料。这种由他们的共同活动产生的社会力量变成强制他们外在力量，因而也是一种不堪忍受的力量。要消灭这些不受控制的异己力量，只有消灭分工。

除此之外，分工还造成城乡之间的对立。脑力劳动和体力劳动最大一次分工，也是城市和乡村分离。私有制下农村有限的土地资源总是归一定的所有者，无地的农奴逃亡出去建立最初的城市，城乡对立产生。城乡对立只有在私有制范围内才能存在。如果没有私有制确立，那城市或者乡村的资料就应当是全体成员共同占有，在乡村能做到的在城市一样能做到，就不会有城乡的对立。城乡对立必定是由于对生产资料的不同占有。城乡对立是随着野蛮向文明、部落向国家、地域局限性向民族的过渡开始的。城市的出现推动文化的发展。最初人们生活在原始森林里，由于对自然界的恐惧，出现了对动物崇拜的图腾文化，装饰品也只是用一些贝壳、动物牙齿等做成的。在城市中人们逐渐发展起了文学、艺术，选用的装饰品也更为精美。其次，城市出现，并聚集了越来越多的成员，他们之间在交往中有矛盾、有冲突。这就需要有这样一个机构制定共同的行为准则，并行使管理职能，最后国家出现。

城乡对立产生了两大阶级，一方面城市人口集中，生产工具不仅仅是自然形成的，还有人类文明的创造，石器是自然条件下打磨的，青铜器是人类锻造的。城市和乡村的对立不仅是生产工具和人口上，还体现在生产资料以及各种需求上。总的说来，城市集中，而乡村处于隔绝和分散的状态。城乡对立鲜明地体现了个人屈从于分工、屈从于他被迫从事的某种活动。这种屈从把一部分人变为受局限的城市动物，把另一部分人变为受局限的城市动物，并产生二者之间利益的对立。建立所有人联合起来的共同体，必须要消灭城乡对立。城市和乡村的分离是资本和地产的分离，是资本不依赖于地产而存在和发展的开始，也就仅仅以劳动和交换为基础的所有制的开始。所以城市和乡村的分离更加巩固了生产资料私有制。

分工使农业、手工业以及商业分离开来，也使城市和乡村对立起来。在私有制下，生产资料和生产工具分属于不同的所有者，特别是在农村，土地和生产工具主要集中在贵族手里。正是这种排他性的私有，才使一些人离开乡村，寻找其他的生存方式。而城市的出现使人们更加屈从于分工，屈从于他被迫从事的某种活动。由于分工进一步专业化，不同行业的人都专注于提升自己的专业化技能，他是一个陶艺制作者，他就不是一个木匠。不管是在城市还是在乡村，个人屈从于某种分工都使个人发展为片面的、受局限的人。要消灭城乡对立，就要消灭物质劳动和精神劳动的分工，改变人们屈从于某一分工的异化现象，使个人从机械的劳动下解放出来必须要消灭分工。消灭城乡对立，与消灭不自由的劳动是一致的，最终都取决去消灭私有制和分工。而消灭这些统治人的异化力量，最根本的是要发展生产力。

从分工出发考察人类社会的发展可以发现，分工与生产力、生产关系以及社会形态的更替密切相关。分工推动生产力的发展，生产过程中的人与人之间的生产关系也形成于分工中。分工同时也是私有制形成的直接原因。在私有制基础上，同时也是在这种阶级利益基础上统治阶级和被统治阶级日益发展成两大对立的阶级。统治阶级建立国家实现对被统治阶级的统治，奴役剥削劳动者。而劳动者在分工下日益变成劳动的机器，局限于狭小的活动范围越来越不自由。分工而且也使劳动者仅仅掌握某一方面的技能，成为片面发展的畸形人。这些都不是人类发展的最终结果，而是人类社会发展要消灭的异化现象。要实现人的全面而自由的发展，就要消灭分工。

消灭个人利益与共同利益的对立；消灭私有制、阶级；消灭这种统治人的异己力量以实现人的自主活动，最后都要通过消灭分工实现。在共产主义社会，消灭了分工，也消灭了私有制和一切阶级。人们不再固着于某一特殊的活动范围，而是能够实现自主活动、自由生产，并且能够实现人的全面发展。消灭分工，进而消灭分工所由产生的异己力量，根本途径就是发展生产力。随着生产力的发展，分工的专业化程度达到最高，人的异化也达到极端，这时进行无产阶级革命，建立共产主义社会就能消灭一切异化力量。分工产生于生产中，在生产力发展的不同阶段采取不同的形式，并随着生产力发展趋于消失。

2. 生产与人类社会发展

在上一章节中已经明确分工是人类社会发展的一个推动力，但分工本身并不产生任何的生产力。人类社会发展的根本动力在于生产力的发展。生产活动特别是物质生活资料的生产是人类历史的第一个活动，也是最基本的实践活动。人类社会的一切组织形式都必须建立在物质生产的基础上。分工对历史发展的推动也是通过生产力的发展实现的，分工是生产发展的组织形式。私有制、阶级以及国家等一切关系的建立都是在生产发展到一定阶段才实现的，离开物质生产就什么也没有。所以马克思的唯物史观从现实的物质生产出发，说明人类社会的发展。

物质生产活动是人类社会必然存在的活动，贯穿人类发展过程始终。劳动使人同动物分离开，人类产生后的第一个历史活动仍然是生产物质生活。这是每日每时都必须进行的生产，这种生产生活资料的生产是维持个体生命所必需的，没有这种生产便没有人类历史。从古到今，每一世代的人都必须以这种生产为基础，即使这种生产在圣布鲁诺那里被归结为像棍子一样卑微，但没有这种生产，就没有人的存在，更谈不上哲学家们的思想生产。我们现实的日常生活，就是最好的例证。没有人能离开生活资料供给单靠精神维持生命供给，组成生命体的肉体组织在本能上就规定了这种生产的必要性。肉体组织必须依靠物质生产资料的供给才能维持存在。

物质生产生活是人类历史第一个活动，从几千年到今天为止每日每时都必须要进行的活动。物质生产活动是人们为了满足生活需要进行的生产活动，活动本身就体现了人们改造自然的能力即生产力。生产力不仅包括人们为满足衣食住行等基本需求进行的活动，还包括人们制造生产工具的活动。人类进行的各种物质生产活动都是推动人类社会发展的生产力。

生产力总是不断向前发展的。生产力的三要素包括劳动工具、劳动对象以及劳动者。生产力的发展就是劳动者运用劳动工具作用于劳动对象引起劳动对象变化的过程。劳动对象的变化过程也是满足人们需要的过程，表现为人们改造自然的能力。劳动工具，既表现为物质手段又表现为精神手段。劳动工具作为延长了的肢体和脑力，是生产力水平的重要标志。从石器到铁器再到机器生产以及到现在的自动化生产，既是生产工具不断更新的过程，同时也标明生产水平不断提高。生产力发展水平越高，人类改造自然的能力越强。生产的发展，劳动工具越来越先进，劳动对象在范围上越来越广泛，劳动者的创造性特别是脑力劳动发挥的作用愈来愈大。现代人类社会科技成为第一生产力。科学技术上的发明创造对改进劳动工具、拓展劳动对象以及开发人的智力具有巨大的推动作用。在科学技术迅猛发展的新时代谁掌握了先进的科学知识与技术手段，谁就能创造出巨大的生产力。

生产力是人类社会的推动力，但生产力不是单独存在的物质力量。生产力和生产关系相互影响、相互制约。生产过程中由于交往，一方面形成了人与自然之间的自然关系，另一方面形成人与人之间的社会关系。社会关系是指许多个人的共同活动，主要表现为生产过程中形成的生产关系。生产关系是社会关系中的基本关系，除生产关系外，还有家庭关系、宗教关系等。生产力的发展总是在一定的生产关系中实现，生产总是许多人的共同活动。一方面生产条件决定人们以什么样的方式组织生产，决定着人们的共同活动方式。另一方面，生产能否顺利进行直接取决于人们的共同活动方式。生产力决定生产关系，生产关系制约着生产力的发展。总的说来，生产过程是生产与交往、生产力与生产关系的对立统一，生产力与生产关系是同一生产过程的两个方面。

生产力决定生产关系，生产关系对生产力具有反作用。马克思在《形态》中没有明确提出生产关系的概念，但通过对《形态》的研究，可以发现马克思用"交往形式"代替"生产关系"的使用。生产力诸要素劳动工具、劳动对象以及劳动者共同决定当前的物质生产条件。在什么样的条件下生产，生产什么，怎样生产决定了人们以什么样的方式实现交往，如何进行分工，最终决定了人们对生产资料的占有情况，也决定着劳动产品如何分配，以及个人在社会中的地位如何。一句话，决定了人与人之间的生产关系。

首先，人类社会各个发展阶段出现的各种现象都是一定生产力发展水平所决定的交往的产物。"先前时代所传下来的各种因素中的偶然的东西是与生产力发展的一定水平相适应的交往形式"①。先前时代所传下来的各种因素都是前人现实的生产创造。前人在生产自己物质生活的过程中创造了这些物质条件，并且这些物质条件成了后人生产和交往的物质前提。这些物质前提不是偶然性的存在，而是当时生产发展的必然结果。这些前提不是前人有目的的创造（唯心史观就是这么认为的），更不是前人为了规定后人的发展而预先设定的条件，前人和后人都是在当时物质条件下进行各自的生产，而生产结果作为物质性的生产条件不以任何人的意志为转移。前人物质生产的结果对后人也不是完全无意义的存在，前人生产结果是后人进行生产的物质前提。正是由于物质生产的现实性和连续性使每个时代成为前后相继的历史事实。

在每个时代的物质生产中产生的一切，都是同该时代生产力发展相适应的。那些被我们看成是偶然出现的东西，实质上是同一定生产力发展水平相适应的交往形式。迄今为止我们从每个时代那里继承的物质环境，包括物化的生产力以及相应存在着的各种关系都是历史发展的结果。这些从来不是作为目的存在的，而是生产力发展的物质结果。马克思对社会形态的划分，是对前期历史抽象的结果。这种划分不是"我们为每个时代划定的，而是每个时代本身在它所发现的各种不同的现成因素之间划定的"，我们只是从现实的物质生产中抽象出人类历史发展规律。每个时代有各自的生产力状况，并且在这样的生产力状况上形成相应的生产关系。这些现实的要素形成各个发展阶段的不同特点，把各个历史阶段区别开来。各个社

---

① 《马克思恩格斯选集》第 1 卷，人民出版社 1995 年版，第 123 页。

会形态的差别不是在观念上的区别，而是历史事实的差别。历史上各种重大的政治事件，阶级斗争都不是割裂开的偶然事件，而是生产力发展的必然结果。

其次，生产力与交往形式的矛盾运动同时也是实现个人自主活动的过程。"生产力与交往形式的关系就是交往形式与个人的行动或活动的关系"①，即个人在各种物质生活条件下如何实现个人活动的问题。交往形式集中反映了现实的物质生产生活的条件，比如劳动的组织形式、所有制形式。这种物质生产生活条件最初是人们自主活动的条件，与人们的个性相适合，不是外部强加人们的。这种条件是由处于一定关系中的人们生产出来的，也是人们继续生产自己的物质生活以及与物质生活有关的东西的物质前提。这样，人们进行生产的一定条件总是当时生产发展所要求的，并能够适应当时生产力发展需要的。只是当生产的条件同现实的生产之间发生矛盾时，之前的局限状态才表现出来，才发现原先的存在是种片面的存在。但就当时来说，人们进行生产的一定条件是与当时的局限状态或者说片面的存在相适应的。所以这种矛盾只是对于后代而存在，桎梏也只是后来才成为桎梏的。就像封建社会农民对地主的人身依附只是在资本主义生产方式下才显示出局限性，而它本身是适应于封建社会的生产方式的。所以只有在资本主义生产方式出现后我们才看到了封建社会的局限性。

因而物质生产条件，起初是自主活动的条件，只是在后来才变成自主活动的桎梏。这就推动人们打破这种桎梏，建立新的生产组织形式。整个历史发展过程就是这样一个交往形式不断变化的序列。

---

① 《马克思恩格斯选集》第1卷，人民出版社1995年版，第123页。

已经成为桎梏的旧的交往形式被新的交往形式所代替，新的交往形式能够适应先进的生产力发展，也适应于进步的个人自主活动方式。以此类推，生产力总在不断向前发展的，一旦生产关系不能适应生产力发展要求时，就会被新的生产关系所代替，生产力与生产关系的矛盾运动共同推动人类社会向前发展。人们进行生产的一定条件总是取决于当时的生产力发展水平，这样的生产条件是人们进行生产的前提条件，因而生产发展水平决定了人们在既定的生产条件下采取何种交往形式。生产力发展到不同的阶段，生产条件就发生相应的变革，因此人们之间的交往形式也就被新的交往形式所代替。因而马克思得出结论：生产力的发展决定着生产关系的变革。所以如同生产力是历史地发展着的，生产关系也是历史地发展着的。

改进不适应生产力发展的生产关系，不仅是发展生产力所必须的，而且也是实现人自主活动所必要的。通过改变落后的交往形式，以新的形式组织劳动，更好地发挥个人的主观能动性。交往形式主要是表现一定生产的方式、条件，这个条件不仅是物质生产生活的社会条件，也包括个人自主活动的条件。只有物质生产的社会条件是个人自主自愿的条件，人们的劳动所生成的力量才是积极生产力；相反，如果社会生产的交往形式对个人来说是种桎梏，个人的生产力就不能发挥出来，或者即使有生产，也是消极的生产。

再次，目前人与人之间的生产关系仍然是自发地形成，即这种交往形式还不是每个人自由联合起来的共同计划。交往形式的这种发展状态也是由生产力发展决定的。交往形式或生产关系的形成是以不同的地域、部落、民族和生产部门为出发点的。每一个人最初只是在本地区、本部门或者是本民族内实现生产和交往，而不与别的地区发生联系。这是由生产力发展水平决定的。生产发展的范围、程度决定人们交往的范围、形式。随着生产发展突破民族、地域的限制在不同民族之间实现交往时，人们相互之间的关系在内容和形式上都会发生变化。最后生产力的高度发展能最终实现人们自由交往。即人们可以自由地选择生产什么、从事什么活动，由此决定人们之间实现自由联合。人们之间实现自由联合，制订共同的生产计划，自愿地建立彼此的交往，这也是符合生产力与生产关系的矛盾运动。并且这种情况在未来共产主义社会，在生产力高度发展的基础上将会实现。

最后，交往形式的发展有其特殊性。生产力决定交往形式，交往形式要适应生产力的发展。历史上生产的发展以及交往形式的建立会出现特殊的发展轨迹，但这仍然符合生产力与交往形式的制约关系。

第一，随着生产力的发展，新的交往形式取代旧的交往形式，旧的交往形式仍不会退出历史舞台，并且有可能随历史发展一直发展下去。在各个历史阶段旧的生产关系被新的生产关系所取代，但因为一定的生产关系总是同一定的利益集团相联系。这个利益集团一定会千方百计地保存同本阶级利益相联系的生产方式，所以旧的生产关系总不能完全消灭。在新的生产阶段仍然存在旧的生产关系，并和新的生产关系一起发展下去。在每个社会发展阶段上，既存在生产力同当前生产关系的矛盾，还存在与旧的残留的生产关系的矛盾。

这种新旧交往形式的交织就会产生这样的情况：代表早期利益的交往形式被后来较先进的交往形式代替后，这个利益团体仍然能在长时间内拥有一种相对于个人而独立的虚假共同体的传统权力。这种权力如此顽固只有通过革命才能消灭。另一方面这也是先前时代的理论依然能够指导当代斗争的原因所在。意识超越同时代的经验所得出的理论是与同时代存在着的残余的生产关系一致，这样的意识也不是某种玄幻的超经验认识。这样的认识虽然不是对占主体地位的物质生产的反映，但仍然是对现实的物质利益关系的反映，只是这种生产以及物质利益关系是从先前时代遗留下来的生产关系。因而这样的一些理论认识符合一些人的利益关系，因而能够指导斗争取得胜利。

第二，相反有些地区由于历史的空白，没有交往形式的历史。北美是由移居到那里的人建立起来的，在这之前，它没有历史。这些人之所以移居到北美，是因为当时资本主义先进的生产方式出现，而在欧洲许多农奴人仍然处于贵族的统治下，而没有人身自由，这样的生产、交往方式再也不能推动生产力的发展。而美洲的发现正好为他们脱离原来陈旧的生产方式提供了契机。这些人从世界各地迁徙到北美，并带来了先进的生产方式。由于北美没有历史，更没有历史地发展着的生产关系，所以这些进步的人和先进的交往形式在北美发展起来，并创造巨大的生产力。

此外，马克思指出历史发展过程中出现的占领也符合生产力与生产关系的矛盾运动。有人认为，暴力、战争、掠夺、抢劫等等是历史发展的动力，而不是生产力与生产关系的矛盾运动。马克思以罗马帝国被蛮族占领进而形成新的社会结构来说明占领最终也要符合生产力与生产。首先，战争本身也是一种交往形式。战争的原因是本民族的生产难以满足需求，必须通过对外扩张的方式谋求生活生产资料，从这个意义上说战争也是由于生产方式的落后导致的。其次，就罗马帝国的情况而言，当时生产方式低下，人口增长需要新的生产资料，要求对现有的物质生产条件加紧利用。而在罗马各地区的交往形式阻碍着对生产资料的获得。在意大利，土地买卖以及土地继承地产逐渐转入少数人手里；掠夺来的谷物以及进贡的谷物造成意大利谷物没有买主，大批耕地变成牧场。与此同时，自由民消失了，奴隶也在不断死亡，新的奴隶出现，奴隶制仍然是整个生产的基础。罗马这样的生产方式和交往形式已经不能满足增长的人口需求，粗陋的生产关系已经成为社会向前发展的阻碍，在蛮族攻占罗马时，罗马就灭亡了。

占领不仅是领土的占领，必须实现对该国生产方式的占领。蛮族对罗马的占领造成古代世界向封建制度的过渡。

第一，占领取决于被占领民族的生产力状况。被占领国家是否已经像现代国家那样发展了工业生产力，或者它的生产力是否主要以它的联合和共同体为基础。只有在生产力冲破地域、民族的局限，发展不再是本民族的事，民族间的交往也在更大范围内扩展，各民族相互依赖，建立相对普遍的交往。这样占领国先进的生产力或者是生产方式就有较强的革命性。在这种情况下，才能实现完全占领。

第二，占领受占领对象制约。占领者要实现对占领国的完全占有，必须要占有该国的生产条件和交往条件。国家的政治机构、组织以及制度都是建立在该国现实的生产方式和交往形式上的，仅仅占有国家的权力机构，而不掌握生产力，统治的基石就没有了，只能是一时的占领而不能实现长期占领。

第三，占领后必须要进行生产。占领一国、一地区，对现有产品的占领总会结束，当没有任何可供消费的东西时，就必须进行生产。生产方式或交往形式必须要适应被征服国的生产力发展力水平，并变革该国不适应生产力发展的生产关系。所以在征服者占领被征服者时，经常会出现这样的事实，即奴隶变成了主人，征服者很快接受了被征服民族的语言、教育和风俗。马克思在这里强调的"奴隶变成主人",意在指明被征服民族原来的生产状况作为不可变更的物质力量决定征服者在该地区建立什么样的生产。征服者尽管用武力征服了该民族,但征服者要长期占领该地区,必须先适应该地区具体的物质环境。被征服民族尽管成了征服者的奴隶,当征服者要适应被征服民族的生活实现对该地区的完全占有时,被征服者作为奴隶的地位从这个意义上说也就变成了主人。征服者要在被征服地区发展生产、组织生产,实际地占领该民族,必须要实现同该民族交往,就要学习该民族的语言、教育和风俗。

所以,我们可以实现把一地区发展起来的生产方式搬到其他国家、地区,像北美那样。但这种生产方式的建立必须以该国的生产力发展状况为前提,并改变不适应生产力发展的那些生产关系。罗马建立的封建制度也不是现成地从德国搬去的,它起源于征服者在进行征服时军队的战时组织。实现罗马地区的占领后,遇到了罗马社会现实的生产力,而当时罗马粗陋的生产方式已经阻碍着生产力的发展。为适应生产力发展要求逐渐建立起了封建制度。推动历史发展的绝不是战争、掠夺等暴力争夺,而是生产力与生产方式的矛盾运动。

生产力总是向前发展的(有时候出现的倒退不是一般规律,只是偶然现象),要求生产关系与之相适应;当生产关系成为生产力发展的桎梏时,不是推动生产力的发展而是阻碍生产力的发展时,生产力进一步发展必然要求变革不适应生产力发展的那部分生产关系。生产力和生产关系的这种矛盾运动推动人类社会由低级阶段向高级阶段发展。"无论哪一个社会形态在它所能容纳的全部生产力发挥出来以前,是绝不会灭亡的;而新的更高的生产关系,在它的物质存在条件在旧社会的胎胞里成熟以前，是绝不会出现的。"

3. 市民社会与人类社会发展

生产力和交往形式的矛盾运动推动人类社会发展。人类社会发展还有一个推动力即市民社会与上层建筑（经济基础和上层建筑）的矛盾运动。马克思和恩格斯在《形态》的第一章《费尔巴哈》中5次用到市民社会，为更好把握对"市民社会"的理解，下面摘录了几处《形态》对"市民社会"的运用。

"在过去一切历史阶段上受生产力制约同时又制约生产力的交往形式，就是市民社会。"①

"市民社会包括各个个人在生产力发展的一定阶段上的一切物质交往。"②

"从直接生活的物质生产出发阐述现实的生产过程，把同这种生产方式相联系的、它所产生的交往形式即各个不同阶段上的市民社会理解为整个历史的基础，从市民社会作为国家的活动描述市民社会，同时从市民社会出发阐明意识的所有各种不同理论的产物和形式，如宗教、哲学、道德等等，而且追溯他们产生的过程。"③

首先，市民社会是"受生产力制约又制约生产力的交往形式"，是生产力发展到一定阶段的物质交往。从这两处的表述中可以看出市民社会是与物质生产直接相关的内容，是一种"交往形式"。另外，在前一章节中从"交往形式"中抽离出"生产关系"的内涵，而市民社会是"受生产力制约又制约生产力的交往形式"，所以市民

---

① 《马克思恩格斯选集》第 1 卷，人民出版社 1995 年版，第 87 页。
② 《马克思恩格斯选集》第 1 卷，人民出版社 1995 年版，第 130 页。
③ 《马克思恩格斯选集》第 1 卷，人民出版社 1995 年版，第 92 页。

社会和生产关系在某种意义上是相等的表达式。市民社会应当就是受生产力制约又制约生产力的生产关系的总和。市民社会不仅包括人与人之间的生产关系，还包括各种经济活动、经济制度以及经济体制。交往形式不仅包括经济方面的交往活动，还包括战争等一些政治活动，而只有与生产、分工、交换、消费等经济活动直接相关的交往形式（这时候也是生产关系）才是市民社会的内容。所以市民社会、生产关系与交往形式三者的关系应当这样表述：生产关系是市民社会的交往形式。市民社会专指与物质生产有关的交往活动，以商业生活和工业生活为内容。所有在生产基础上的物质生产活动以及物质利益关系都是市民社会的内容。市民社会是生产力发展到一定阶段的物质交往，是与生产力直接相关的内容。

其次，市民社会一词是从市民发展而来。市民最早是指中世纪居住在城邦里的居民。这些居民为摆脱封建领主的控制，在城市里发展起了手工业，商业。最早时候，犹太人在希伯来地区遭到驱赶，在河边滩涂地定居下来，没有土地可以种植，只能是在滩涂边上简单制作一些手工业品，来交换食物以维持生存。后来这种手工业制作频繁的出现，越来越多的民族加入到手工业品的生产和交换中，手工业生产作为一个专业的行业生产从农业中分离出来。一些无地的逃亡农奴聚集起来从事手工业生产，并且在交往频繁的地方建立起手工业城市。当从手工业者中分离出一部分人专门从事手工业产品的交换以及贸易往来，城市就更加稳固地存在下来。像这样在城市中出现的生产和交往的活动称为市民社会。市民社会包括该阶段的整个的商业生活和工业生活。马克思指出真正的市民社会是随同资产阶级发展起来的，可见马克思所强调的是随着私人所有发展起来的以商品生产和交换为内容的商品经济社会。市民社会包含物质生产更多地是指私有制产生后发展起来的工业生产，剔除了自给自足的农耕经济。

另外，市民社会就其内容来讲，就是各个社会阶段的经济基础，超出国家和民族的范围。但是每一时代的经济基础总是一定国家、民族的经济基础，市民社会的活动也总是国家的活动。

在每个社会阶段中，都要进行一定的物质生产，具体的生产方式决定了该社会形成怎样的生产关系，每一阶段上由生产力水平决定的生产关系的总和称为市民社会。物质生产的第一性决定了市民社会是整个历史的基础。"市民社会这一名称始终标志着直接从生产和交往中发展起来的社会组织，这种社会组织在一切时代都构成国家的基础以及任何其他的观念的上层建筑"①。市民社会是构成国家的经济基础，是观念上层建筑产生的基础。从市民社会作为国家的活动描述市民社会，从市民社会阐明意识的各种不同的理论形式。从这个意义上说市民社会和经济基础是相等的表达式。市民社会作为经济基础来讲，是与上层建筑矛盾运动的范畴。

经济基础是由社会一定阶段的生产力水平所决定的生产关系的总和。理解经济基础的内涵首先把握两点：第一，经济基础是指社会一定发展阶段上的基本经济制度。第二，经济基础是指社会基本经济制度所采取的组织形式和管理形式即经济体制。上层建筑包括观念上层建筑和政治上层建筑。观念上层建筑即意识形态。观念上层建筑包括政治法律思想、道德、法律、艺术、宗教、哲学等观念、思想。政治上层建筑包括政治法律制度及设施、政治组织两部分构成。制度方面有国家政治制度、立法司法制度和行政制度；组织设

---

① 《马克思恩格斯选集》第 1 卷，人民出版社 1995 年版，第 130 页。

施有国家政权机构、政党、军队、警察、法庭、监狱等。市民社会（经济基础）是全部历史的发源地，在一切时代中都构成国家的基础以及任何其他观念上层建筑的基础。

第一，经济基础决定上层建筑。国家的性质、政权组织形式都取决于物质生产方式，有什么样的经济基础，就要求有什么样的上层建筑。经济基础的变更必然引起上层建筑的变革，并决定其变革的方向。一定社会阶段上政治组织的形式、制度安排等必然要适应当时人们进行生产的条件、以及各阶级之间的物质利益关系。在封建社会形成的是地主阶级的土地所有制，农奴只能是依附于地主阶级，才能勉强生活，因而在贵族的统治下实行自上而下的等级制度。在资本主义社会，工业生产需要自由的劳动力，改变人身依附的关系，因而在资产阶级的统治下，建立民主共和政体。所以马克思在黑格尔法哲学批判中，批判黑格尔从国家出发理解市民社会，把市民社会看作是国家的产物。提出"市民社会是主语，国家是谓语"的著名论断，要从市民社会出发理解国家，因为国家总是建立在一定经济基础之上的，总是反映一定阶级的利益关系。

在社会的各个阶段，生产方式决定该时代的精神生产的内容。个人是什么样的，取决于他们进行生产的物质条件，他们生产什么，怎样生产，他们就是什么样的人。由他们的物质生活决定，他们的意识反映的总是实际生产的内容。他们对客观世界的反映不能离开物质生产的条件。从另一方面说，在经济上占统治地位的物质力量为维护、巩固阶级利益，必然要实现思想统治。使该社会占主导地位的思想总是反映该社会生产方式、阶级利益。所以每一个社会占统治地位的思想总是统治阶级的思想。

第二，上层建筑对经济基础的反作用。观念的上层建筑和政治上层建筑都是为自己的经济基础服务的。统治阶级总是通过政治统治和思想统治巩固本阶级的统治地位，以更好地维护本阶级的经济利益。通过国家政权镇压被统治阶级的反抗，利用统治阶级思想麻痹被统治阶级，保证物质生产的顺利进行。

上层建筑的反作用依赖于经济基础是否适应生产力的发展。当上层建筑所服务的经济基础适应生产力发展时，就成为推动生产力发展的进步力量；如果上层建筑所服务的经济基础不适应生产力发展要求时，就成为阻碍社会发展的消极力量。上层建筑总是由占统治地位的经济基础决定的，并为该统治阶级服务。但经济基础并不总是能符合生产力的发展，当社会处于上升时期时，经济基础适应生产力发展的要求，与之相适应的上层建筑总表现为积极的推动力量；当社会处于没落时期，经济基础不再适应先进生产力发展，维护旧的、腐朽的统治阶级的上层建筑必将阻碍社会发展。

生产力与生产关系的矛盾引起经济基础与上层建筑的矛盾。生产力向前发展，必然要求变革不适应生产力发展的旧的生产关系，生产关系或经济基础发生变化后，就会同原有的上层建筑发生矛盾，要求变革维护旧的统治阶级的上层建筑。这样就会出现推翻旧的统治阶级的革命斗争，打碎旧的国家机器，代表先进生产力发展方向的新的统治阶级建立新的国家政权，推动社会形态变迁。

封建社会取代奴隶社会，资本主义社会取代封建社会，资本主义社会也必将为共产主义社会所取代，这种社会形态的依次更迭，就是在生产力与生产关系、经济基础与上层建筑的矛盾运动推动下实现的。生产力与生产关系、经济基础与上层建筑的矛盾是社会发展的根本动力。

4. 交往与人类社会发展

生产是人类社会发展的最终推动力，生产以分工的形式进行。不论是分工还是生产都要通过人与人的交往来实现。

首先，生产和交往不是两次活动，是同一活动的两个方面。任何一次生产活动都伴随有交往，没有超越交往的历史活动。人是社会中的人，人类一开始生产自己物质生活时就不是单个人的生产。生产是以个人彼此之间的交往为前提的，没有交往，生产也就无法实现。在人类最早形成的时候，没有像现在这样的房屋、工具，一切的生产资料都没有，劳动工具没生产出来，劳动对象没被人类掌握。他们处在自然界，同动物没有明确的生存界限，经常受到一些猛兽的攻击，而他们的力量不足以同这些猛兽对抗，许多伙伴都被猛兽夺去生命。在这个伴随着牺牲的过程里，他们对自己、对野兽都有了认识，为了共同的生存下去，他们聚集在一起，共同对抗猛兽的侵袭。人们逐渐固定下来，聚居在一起，以联合起来的力量对抗自然界。生产中伴随着交往，可以说人类生产和交往是同时出现的。

人类生产自己的生活资料的同时，必然要同其他的"生产者"结成一定的关系。人口增长使现有的从自然界直接获得的生活资料已不能满足人们维持生命所必须。这种现实需要促使人们以更加以利于生产的方式组织生产。各个人单独的活动是不可能获取任何生活资料的，即使在从事像打猎这样最基本的活动，都需要联合多个人的力量共同捕杀猎物。迄今为止社会上的一切物质生产都离不开现实的个人之间的彼此交往。交往是生产的前提，没有个人之间的交往，生产是不可能顺利进行的。特别是在人们不仅生产自己的生活资料，而且也生产着他人的生活资料时，从生产到交换都离不开交往。因此在一定的物质生产条件下进行生产的各个人，发生一定的物质交往，结成一定的经济关系、政治关系、道德关系和法律关系。生产和交往分别使人与自然、人与人统一起来，最终实现人类社会统一。生产和交往辩证统一于人类社会发展过程中。

"生命的生产，无论是通过劳动而达到自己生命的生产，或是通过生育达到他人生命，就立即表现为双重关系：一方面是自然关系，另一方面是社会关系的生产；社会关系的含义在这里指许多个人的共同活动"①。共同活动是一种生产方式，也是一种交往形式。它表明生产最大的一个特征就是许多人的共同活动。所以这里共同活动既表现人们的物质生产活动，还表现人们之间的交往，即生产总是伴随着交往，没有离开交往活动的生产。生产又是以个人之间的交往为前提的，没有现实的个人之间的彼此交往，生活的生产就是不可能实现。为生产出满足生活所需的生产资料，以一定的方式进行生产活动的个人，建立有关生产内容的相互关系。所以生产决定必须进行交往，生产也决定交往的内容即生产关系。

其次，分工是生产的主要形式、手段，而交往又是生产的交往，所以分工同时也就是交往的形式。纵观人类历史分工，不论是在民族、地域内部的交往，还是突破民族、地域的交往活动都是以分工的形式实现的。各民族的人们在生产过程中选择分工合作，当人们一开始进行分工生产时，人们之间的交往就产生了。交往是实现生产、分工所必不可少的。分工也决定着交往的内容。分工使人类社会产生出代表不同利益诉求的阶级，总的说来就是占有生产资料的

---

① 《马克思恩格斯选集》第 1 卷，人民出版社 1995 年版，第 80 页。

阶级与广大劳动者阶级。分工使生产资料所有者更多地进行交往，而分工同时使广大的劳动者走向联合。

生产的发展推动分工的进一步扩大，分工的扩大丰富着人们之间交往的形式和内容。交往是以人们在分工中承担不同的职责为前提的。分工使精神活动和物质活动、享受和劳动、生产和消费由不同的人承担，分工也就造成不同所有者之间的矛盾。分工所形成的各种对立关系必然会造成人们交往过程中的各种矛盾冲突，特别是分工所带来的直接影响是对利益的不同占有。不同的利益关系造成的矛盾是交往中主要的矛盾。生产资料所有者与劳动者之间因占有生产资料与劳动产品的问题，彼此一定会发生利益冲突。这些利益冲突主要形成于人们的交往中，反映在人们之间的相互关系上。分工引起的阶级对立、城乡对立以及体力劳动和脑力劳动之间的对立构成人们交往的主要内容。这些纷繁复杂的矛盾冲突特别是利益冲突是交往的主要内容。每个处于交往中的人都要受这种相互之间关系的制约，因而在人类历史上人们的交往都没有实现自由的交往。

分工决定着人们交往的内容，特别是引起人们之间利益冲突的直接原因。分工的扩大同时决定交往范围的扩大。人类历史上三次大分工，畜牧业与农业相分离，手工业与农业相分离，商业与手工业相分离，每一次分工都伴随有交往范围的扩大。从畜牧业和农业的分离开始，人们突破家庭的自然分工进一步扩大到部落。交往的范围也就从家庭内部成员间的交往扩展到部落成员间的交往。伴随着手工业从农业中分离出来，城市出现。一部分人离开土地在手工业发达的地区建立城市，更多的人融入到手工业产品的交换中。交往的范围也就相应地扩大了，随着交通工具发展，出现一批专门建立城市之间贸易往来的商人，这些人使人类社会的交往迅速建立起来。交往也就扩展至城市与城市之间更大范围的交往。

交往随分工以及生产的发展不断扩大，活动范围超出家庭、部落联盟、民族的界限实现了更广泛的交往，最后商业发展在世界范围内实现贸易往来，交往也就发展为普遍交往。普遍交往与世界市场的形成直接相关。当生产发展为世界性的生产，交往也就扩展为世界范围内的普遍交往。

再次，生产、分工和交往相互促进，同时也就相互制约。一定阶段上达到的生产力水平决定了分工的形式，并决定着交往的内容和范围。分工最初只是性别分工，后来形成偶然性的自然分工，最经常的表现为家庭分工及其进一步扩大，最后分工突破自然分工发展为社会分工。一个民族的生产力水平最明显地表现为一个民族分工，任何新的生产力，只要它不是单纯的量的扩大，都会引起分工的进一步发展。分工一出现，人们就有自己特殊的活动范围，只能在这个范围内活动而不能超出这个范围，因而分工在决定人们生活性质的同时限制了人们的活动范围，特别是在工业时期，尽管人们打破地域的限制，实现了跨地域生产，通过网络信息技术进行交流合作，但分工的细化把人们限制在该行业，交往的内容主要局限于从事的职业。每一时期所能达到的交往范围，决定人们实践所能达到的水平，自给自足的小农分工不可能产生机械化操作，只能形成小块耕作。

《形态》中交往的含义很广，我们可以从马恩的描写中来感知一下马克思对"交往"的定义。

"各民族之间的相互关系取决于每一个民族的生产力、分工和内部交往的发展程度。"

"只有当交往成为世界交往并且以大工业为基础的时候，只有当一切民族都卷入竞争斗争的时候，保持已创造出来的生产力才有了保障。"

"货币使任何交往形式和交往本身成为对个人来说是偶然的东西。因此，货币就是产生下述现象的根源：迄今为止的一切交往都只是在一定条件下个人的交往，而不是作为个人的个人的交往。"[①]

在这几处提到的交往主要是伴随着生产发展的物质交往，并且体现的是一种动态的活动过程。所谓交往就是"个人彼此之间发生联系的各种活动"[②]，是一种现实的具体的活动，包含了一种现实的交换、交易、交流、协作的意义。

另外，通过对"交往"的具体内容考察发现交往包括各个人、各个群体、各个国家之间的物质交往和精神交往。当人们为抵御自然界的危害而联合为许多个群体，群体的定居生活取代单个人的无定居生活，在地理位置优越的地方固定下来共同抵御野兽，最后发展为分工协作，有打猎的、有采摘果实的、从事农耕的，这样开始长期的定居生活。在这个过程中，形成以血缘关系为纽带的家庭，家庭产生并成为主要的交往形式，家庭成员之间分工协作。男性一般负责打猎、耕种，女性一般负责采摘。家庭成员之间在交往中一方面生产满足自己以及成员生活所必需的资料，另一方面生产生命，即繁殖。随着生活需要的增加产生新的社会关系，而人口的增多又产生了新的需要，交往就突破了它的原初状态——家庭，开始经历由低级到高级、由简单到复杂，由狭隘到普遍的发展过程。交往形式在历史发展中的诸形态是与历史发展为世界历史相一致。

基本生存需求实现后，又产生了其他需要，比如对美的追求，

---

① 《马克思恩格斯选集》第1卷，人民出版社1995年版，第127页。
② 《新版德意志意识形态研究》韩立新著，中国人民大学出版社，第222页。

对文化的追求，人们也就开始突破原先的性别分工基础上的家庭交往，交往范围进一步扩大。人们吃喝住穿解决后，开始产生追求艺术的需要。人们发明各种乐器，创作乐曲，自由举办各种晚会一起唱歌跳舞，这种活动的频繁举行最终固定下来由专门的人员来组织并负责乐器的管理。逐渐专业化程度不断提高，从制度到乐器各项内容不断丰富，最终出现专业化的机构、组织。各氏族家庭通过机构实现更为广泛的交往。逐渐地，家庭关系不再是唯一的社会关系，各种的集团、组织相继出现，最后以家庭为单位的氏族部落形成，交往在更大范围内实现。交往范围的扩大时同生产的发展相一致。

最后，交往从最初的狭隘交往扩展到普遍交往。在生产的不发达阶段，只能形成区域内部狭隘的民族交往，当生产从一地区扩展到其他地区，建立普遍的贸易往来时，交往也会冲破民族界限，在世界范围内扩展开来。交往从民族内部的交往发展到民族之间的交往，最后变成在世界范围内的普遍交往。随着经济全球化的发展，在当今世界我们所建立的交往已经是世界范围内的普遍交往，但这不是交往发展的最终形态，应当建立一种每个人自由、平等的交往，即马克思所说的作为个人的个人的交往。实现个人真正的交往和消灭私有制、消灭分工，实现共产主义相统一，在这之前必须以普遍交往和生产力的发展为前提。

生产力的发展和普遍交往之间密切相关。生产力的高度发展以及普遍交往的形成统一于世界历史的形成过程。只有生产力的高度发展以及交往的普遍建立才能为共产主义的实现准备条件。

生产力的发展使工人阶级相对于资产阶级来说越来越贫困。尽管同以前相比，他们的生活状况有所改善，不用再为生计奔走，然而生产力的高度发展必然伴随着剥削程度的增强，贫富差距不断拉大，所以工人境遇更为悲惨，这样工人改变境遇的要求也会更强，革命性也越强。需要注意的是，这种贫困不是极端贫困。因为在极端贫困的情况下，争取生活必需品的斗争才是第一需要，从革命觉悟到革命条件都不存在，全部沉浮污浊的东西又要死灰复燃。其次，只有通过生产力的普遍发展，才能实现人们的普遍交往。生产力的发展以及交往的扩大使世界连成一个整体，生产方式打破地域的局限，在更广泛的范围内存在。一切民族都卷入竞争斗争，异化不再是一个民族内部的事情，它已经发展为各个民族共同的事情。即在普遍交往中，生产力发展把大多数人变成完全没有财产的人，同现存的有钱、有教养的人相对立。最后，个人不再局限于地域性的个人，而是作为世界范围内的人存在着。无产阶级推翻资产阶级的运动要求消灭地域性色彩，需要全世界无产者联合起来。所以，只有当生产力的发展使它本身异化为一种不堪忍受的力量，才会成为革命所要发动的力量。生产力的普遍发展与普遍交往的实现是同一个发展过程，这个过程也是实现共产主义，最终实现个人的真正交往的过程。

实现作为个人的个人的交往，就是使物质生产条件同时是个人自主活动的条件。交往是生产过程中的交往，人们的交往就是在一定的物质生产条件下实现个人活动的过程。首先人们的活动要受到当时整个社会物质生产条件的制约，因为人们从事的生产是社会的生产。社会物质生产条件是由当时生产力发展水平所决定的交往形式。社会物质生产条件是否符合个人实现自我的生产取决于当时的生产关系是否符合生产力的发展。如果生产关系即交往形式符合生产力的发展，即社会的物质生产条件与个人实现自主活动的条件相一致，个人就能实现作为个人的个人的交往。

由于每个社会的物质生产条件处于统治阶级的控制之下，主要生产的是统治阶级的利益。而被统治阶级由于没能掌握社会的物质生产条件因而处于当时的生产条件之下，不得不服从当时的生产。社会的物质生产条件不是劳动者个人自愿的选择，而是他们被迫进行的生产，只要他们不想失去生活资料，他们就要进行这种生产。因而实现个人自由的交往就要摧毁限制人自由发展的物质生产条件。只有在生产力高度发展的基础上，通过革命推翻这种旧的束缚人发展的交往形式。

5. 个人自主活动与人类社会发展

"现实的人"是人类历史的第一个前提。人类社会的发展以人的发展为中心，没有人就没有一切。物质生产活动是人类的活动，生产关系是人与人之间的关系，人类社会产生发展的一切现象都不能离开人而单独存在。人类社会发展统一于人的发展，而且人作为历史发展的主体，人类社会的发展应当服务于人的发展。从私有制出现开始，每个人的发展越来越偏离正确的发展方向，人类社会越来越不能满足每个人作为人的发展。每一个现实的人作为历史主体，进行一切活动的目的都是为了自身的发展。个人的一切物质生产活动首先是为了满足自己的需要，只是在客观上才创造了人类社会的一切物质条件。在私有制下，人们自己创造社会的物质条件成了个人实现自我的活动障碍。即受社会生产条件制约，人们自主活动越来越难以实现。这样人类的发展就出现异化现象，即每个人创造的物质条件成了个人自由发展的障碍，这些物质条件本来是个人为实现自身发展的创造，结果却走向了原初目的的反面。

个人这种受制约的生活在于在私有制下，每个人都隶属于一定阶级。每个人的生活都由阶级的生产条件所决定的，是在阶级条件下从事生产活动。每一阶级成员都要受本阶级生产条件的制约，这个是不以成员的意志为转移的。

首先，社会生产条件和个人自主活动之间的分裂随生产发展确立下来。人类最初产生时，就是在一定生产条件下的生产。最初这种生产条件可能只是个人的生产的基础。在原始社会，分工和交往都不发达，每个人的生产都比较分散，因而个人自主活动还具有比较充分的自由。可以从住宅建筑看出他们生产的分散性。最早出现的"野蛮人"，每一个家庭都有自己的洞穴；每一个游牧人家庭都有自己的帐篷。每个人、每个家庭都是独立地生产自己的生活，人与人之间的协同分工较少，每个人的生产很大程度上是个人的自主生产。当然这是由当时低下的生产力水平决定的。原始的生产尽管是简单粗陋的生产，但相对而言，也是自主性较强的生产。个人的生产活动是相对自由的，可以做个游牧人，也可以做个猎人。个人之间分工交往都不太频繁，共同生产还不是很频繁。因而每个人各自的生产受到外在力量的阻碍较小。这一时期的人们没有像现在这样先进的机器设备，发达的技术手段，这一时期的人们拥有相对自由的生产。

生产的进一步发展消灭分散经营的家庭经济。个人之间由于交往的扩大逐步实现共同生产，即越来越多的人逐步地置于共同的生产条件之下。随着分工进一步发展，物质生产不再局限于单一的农业生产，手工业、商业在一些城市发展起来。遭到农村贵族的压迫，农奴不断涌入城市，这些都推动社会生产的发展。这些在城市定居下的农奴和市民建立市民间的交往，共同生产并且相互交换劳动产品。城市之间的贸易往来频繁，在城市与城市之间也建立了生产联系，不同城市的市民逐渐地建立市民间的共同生产。与此同时，这些市民逐步走向联合，结成许多的市民团体。一方面市民团体成员共同抵御外族侵略，另一方面，市民团体的成员也是有着共同利益的生产者，他们被包括在巨大的生产网络中。这些市民成员因为共同的生产联系在一起，形成一个稳固的阶级。

其次，社会生产条件形成，个人自主活动受到限制。联合起来的市民总是受到一定生产方式和交往形式下进行生产生活，这种生产方式决定了联合起来的市民的生活条件。这个生活条件对每个成员来说都是共同的，不以每个人为转移的条件。只要市民加入到这个联合的团体中，他就必须遵守。正如一个由许多人组成的班集体，每一个人都要向其他人一样遵守班集体的规章制度而不得破坏。这是班级能够存在的条件，也是每一个人联合为一个班级的条件，否则如果人人都不遵守班级的规章制度，班级将不存在。

各个市民的生活条件与当时的生产方式以及交往形式相对立，这种同现存关系相对立的条件对各个市民来说是共同的条件，是不以每个人的意志为转移的条件。正如在奴隶主同奴隶的对立中，每个奴隶都处于受剥削、受压迫的地位，每个人各自的生活条件与他人的生活条件是一样的，这种生活条件对每一个奴隶来说都是共同的，不以他们的意志为转移。

这样的生活条件是市民创造的，因为这是市民同封建的生产关系作斗争所争取的结果，他们挣脱封建的剥削、压迫，实现自由的联合。同时，市民们又是由这些条件创造的。市民是在摆脱封建剥削的斗争创了现在的生活条件，这些条件决定了市民之所以是市民，而不是农奴。市民作为一个阶级的出现，必须以封建的生产关系成为生产力发展的桎梏。市民作为反抗阶级的代表产生，力图取消这些束缚自身发展的封建制度。他们的斗争总是从改变生活状况开始，改变了的生活条件更加确证市民的出现。就像农业种植产生了农民，而机器生产产生了工人，教书产生了教师，而学习产生了学生。

再次，物质生产条件对个人的制约同时表现为个人隶属于一定的阶级。控制社会物质生产条件的群体在生产中联合为一个阶级，市民们共同生产的物质条件同时也是阶级产生的物质条件。个人所依赖的生产条件是阶级形成的物质基础。随着城市间贸易往来的增多，市民的联系日益密切，市民们在封建制度下形成的共同的条件发展为阶级条件，市民阶级产生。他们共同的生活条件是阶级产生的基础。具体说来，同样的条件、同样的对立、同样的利益就能在一切地方产生这些人的联合。当然，前提是这些人之间建立了联系。这些联合起来的人叫作阶级。正如市民阶级的产生是由于他们处于共同的生活条件之下，资产阶级本身也是逐渐地随同自己的生存条件一起发展起来的，而且资产阶级正是从市民阶级发展起来的。资产阶级出现在更为发达的市民社会，市民阶级的人数不断增多，聚集了越来越多的利益共同者，他们都处于当下的生产条件之下。在共同的条件下进行生产也就决定他们是利益相关的共同体。不同于市民阶级的是，资产阶级不是与现存的生产方式对立的阶级，而是发展为现存生产关系的维护者。

资产阶级作为一个阶级逐渐发展起来，原来统一的生活条件由于分工产生了矛盾，分裂为不同的集团。正如将三个苹果分给三个人，能实现，而将4个苹果分给三个人，就必然会导致矛盾。最后机器大工业的出现，资本主义生产以机器生产代替手工生产，生产力迅猛发展，工业资本和商业资本在竞争中吞并了"小资产"阶级，把他们变成了无产的阶级。他们连同没有财产的阶级为维持生命必须要加入到工业生产中，成为有共同条件的无产阶级。所以资产阶级把以前没有财产的阶级的大部分和原先有财产的一部分变为新的阶级——无产阶级。

正是由于阶级产生于一定的物质生产之上，所以资本主义的生产方式不仅产生了资产阶级，而且产生了无产阶级。这是因为资产阶级控制的物质生产条件同时规定社会中一大批劳动者的生产条件，因而也就产生了处于这种条件控制之下的无产阶级。这些失掉财产的或没有财产的各个人因为要同另一个阶级进行斗争联合成一个阶级。无产阶级实现联合的过程中，竞争发挥了重要作用。竞争是工业发展的必然结果，也是在竞争中大资产阶级把"小资产"阶级变为无产者，使无产者能够联合为一个阶级。

另一方面，竞争使无产阶级中的各个人彼此孤立，由于这种孤立、敌对，阶级对他们而言是独立的，独立的个人发现自己的生活条件是预先规定的，不管怎么努力都没有任何变化。他们的发展及其社会地位始终都处在一定的范围内而不能越过。最后，他们发现自己总是隶属于某个阶级，他们的发展和社会地位从未超出这个阶级。这个阶级的所有成员都有着一样的生存条件，都处于被压迫、被剥削的地位。个人属于一定阶级与单个人隶属于分工是同类现象。正是由于分工，发展出对生产资料不同占有的私有制，才产生了反映这种利益关系的阶级。要消灭阶级，只有通过消灭私有制和消灭劳动本身。而且"个人隶属于一定阶级这一现象，在那个除了反对统治阶级以外不需要维护任何特殊的阶级利益的阶级形成之前，是不可能消灭的。"[①] 当出现这样一个阶级：该阶级没有任何特殊的阶

---

① 《马克思恩格斯选集》第1卷，人民出版社1995年版，第118页。

级利益，除了统治阶级以外，任何阶级的利益与该阶级的利益相一致，该阶级反对统治阶级的斗争符合人类解放的根本目的。无产阶级就是这样的一个阶级。

最后，个人总是隶属于一定的阶级，特别是对被统治阶级的成员来说，总是受到当时生产条件的统治。随着人类社会发展，人们逐渐发现个人遭受的这种统治并不是必然的。从个人隶属于一定阶级，进而发现个人总是受到一定生产条件的控制。人们进一步发现个人与作为阶级成员的个人有很大差别。个人隶属于某一阶级，个人的自然个性总是受到阶级关系的支配，带有阶级的特点。例如每个人都追求生活富足，都要求吃饱穿暖，但资本家把这一追求变成敛财。个人生活条件和阶级所规定的生活条件存在着差别，这种差别在该阶级与另一个阶级的利益冲突中显现出来。无产阶级每日的做工只能维持家人温饱，而且时刻还要面临失业的危险，相反资产阶级的财富在与日俱增，这种对比让无产阶级明显地感到自己生活同社会中其他人之间的巨大差别。社会生产条件与个人自主活动条件越来越走向分裂。

资本主义生产方式产生以前，个人从属于一定阶级从而把一定生产条件控制的真相掩盖了。贵族或平民的总是被看作与生俱来的身份，并接受把这种在社会演进中偶然性的现象当作必然性的存在。这种阶级具有的规定性被当作是与个性有关的不可分割的品质，因而历史上人们对于残酷的剥削、压迫采取消极的不抵抗态度。随着无产阶级出现，这些人作为阶级的人的特质更加明显，个人生活条件也表现为偶然的。因为工人同农奴相比，起码挣脱对贵族的人身依附，更加自由了，这就宣告了原先被当作必然性的存在是偶然的。在资产阶级社会，无产阶级的生活条件不再像原来那样是先天规定，他们有选择生活条件的自由。他们可以选择从事什么职业，也可以选择在什么地方工作，不像农奴那样固守在土地上。生活条件不是必然就规定了的，表面上还是表现为各自选择的结果。事实上，无产阶级的自由是虚假的，他们更加屈从于物的力量。也正是由于资本主义生产条件对单个人来说不是必然的规定，更推动人们发现本质的东西，即偶然的生活条件是无产阶级永远也无法控制的生产条件。他们甚至没有机会离开这种生产条件。无产阶级共同生产产品，每天还要进行争夺必需品的斗争，他们更加受到阶级生产生活条件的统治。个人生活与社会条件的差别表现为资产阶级与无产阶级的对立。

逃亡农奴逃出农村在城市中作为手工业者存在下来，表明他们对先前农奴地位的必然性开始怀疑，并一定程度上开始认识到这种偶然的存在。但是，他们只是个别性的反抗，反抗是基于改变生活条件所做的斗争，并不必然认识到农奴地位的偶然性。可能是某个农奴在残酷的压迫下，产生了奋起反抗的意识，从农村逃跑出来。他们没有产生关于自己为什么是农奴，或者不应当是农奴的系统认识。所以他们对封建制度的反抗只是个别人的自发斗争，而没有形成一个阶级反抗另一个阶级的自觉斗争。最后他们只是零零散散地解放出来，而不是作为一个阶级解放出来。

相反，在资本主义的生产方式下，无产阶级的生活条件、劳动以及当代社会的全部生存条件都已变成偶然的东西。如果在之前以贵族、平民这样天生的等级把每个人的生活条件说成是生来就是这样的。那么在资本主义社会下打破了人身依附，个人的生活条件就直接表现为偶然的了。无产阶级从早年起就感到偶然的生活条件与个人生活的矛盾。因为在资本主义的生产中，为了生活，每天只能在这种生产中不断地劳作，才能勉强维持生计。他们甚至都不能离开这个大工厂，因为离开工厂，他们没有其他维持生计的办法。无产阶级只能在这个阶级范围内，他们没有机会获得使他转为另一个阶级的各种条件。如果说各种生活条件是偶然的，那他们应当能追求想过的生活，但无产阶级始终不变的生活条件和社会地位，使他们明显地感觉到无产者的个性和强加于他的生活条件即劳动之间存在着矛盾。他们一直是大工业生产的牺牲品，他们的劳动给资本家带来越来越多的财富，自身的生活状况却一直未变，资本家甚至连这种机会都没有留给无产者。

正如发展起动产的农奴挣脱封建制度的束缚，无产者为实现自己的个性，必然会推翻束缚个性的社会条件。在封建农奴经济中，以小规模的家庭耕作为主，为维持农奴生存，农奴对地主的赋役降低。另一方面，出于发展大经济的不可能性，封建主把小块土地分给农奴。这样，农奴便有可能积累一些动产，有些农奴还掌握着某种手艺。所以农奴的生活条件在割断与封建土地的联系以前就潜在地存在着动产和手艺。这些条件表现为一种与封建土地所有制相对立的积极的东西。正是这些积累起来的动产以及农奴掌握的手艺促使他们逃出自己领主的领土，以更好地发展这些已有的生存条件，所以逃亡农奴斗争的目的也不过是为了能够自由的运用手艺积累更多的地产。逃亡农奴的这种斗争有积极的意义，但还是存在着局限性，他们斗争最后只达到自由劳动。

无产者的个性和他们的生活条件之间存在着矛盾，他们通过劳动总不能改变贫困的生活环境，反而总是处于社会底层。这种自由劳动再也不是他们发展自己的条件，而是变成束缚自身发展的障碍。为实现自己的个性，自由地发展，无产阶级要消灭他们所面临的生存条件，这也是社会强加给他们的生存条件，根本上说就是消灭总是直接压迫人的劳动。消灭劳动，不是说是每个人不工作，而是使劳动变成每个人自觉自愿的行为。工人以及之前所有形式的劳动都是为着某种目的的劳动，这种劳动只能是导致人的不自由。特别是在资本主义生产方式下，一方面工人们终日在机器下劳动，成了劳动的机器，逐渐成为片面的畸形人，另一方面工人的劳动处于资本家的统治之下，劳动是剥削人、压迫人的手段。所以工人要消灭这种把他们自己变成工具的劳动，就要消灭当前的生产方式。代表统治阶级利益的虚幻的共同体即国家，就成为无产者最直接的斗争对象。因为国家不过是统治阶级借共同体的形式维护现存的社会条件，所以无产阶级的斗争从推翻国家开始。

二、资本主义必然为共产主义所取代

人类历史从发展生产开始，私有制的发展与分工的发展密切相连。马克思说的分工指社会分工，最初的性别分工以及后来的家庭分工都不能算作真正的分工。从物质劳动和精神劳动分离开始，私有制开始出现，社会分工出现。随着人类社会运动变化，私有制发展到纯粹私有制，生产力发展也达到前所未有的高度，人类社会进入资本主义社会。资本主义生产产生了它走向灭亡的前提。在该章节中通过具体历史地考察资本主义的形成发展过程，探索资本主义被共产主义代替的历史必然性。

1. 资本主义的发展历程

资本主义社会的发展从城市的出现开始。物质劳动和精神劳动的最大的一次分工，就是城市和乡村的分离。在奴隶社会，手工业从农业中分离出来，许多的农奴都掌握了一门手艺。这些人离开土地在城市里发展了手工业，后来越来越多的人聚集在一起从事手工业生产，城市和乡村分离。城市的出现，促进人们打破家庭、部落、地域的局限，在更大范围内实现产品的生产和交换。在城市发展了先进的生产工具，人口也相对集中；相反，在乡村则是分散和隔绝的状态，城乡对立。

首先，马克思具体历史地考察资本主义生产方式经历的几个历史时期。

第一个历史时期，在欧洲中世纪。这一时期还是封建的生产方式占据主导地位。在城市手工业生产中孕育着资本主义生产方式的萌芽。这一时期，城市普遍地产生，一些是从历史中继承下来的（比如犹太人建立的城市），一些是获得自由的农奴建立的。在城市里，每一个人的财产除了劳动者随身携带的最必要的劳动工具外，就只有他的特殊劳动即手艺。各行各业的手艺人为保护手艺，进而保护稳定的生活，联合起来形成了行会。行会是一个封建手工业组织，是一些手工业者联合起来对抗其他力量的团体组织。为保护辛苦学来的手艺，各行各业的手工业者联合在一起。

流入城市的逃亡农奴，没有力量和有组织的手工业者抗衡，只能依附于行会，屈从于这些城市手工业者对他们的分工。一些人是作为帮工或学徒，按照行会师傅的利益组织起来，还有一些人是无组织的平民，做一些日工。不管是帮工还是平民都不可能成为与当时的生产方式相抗衡的力量。

对平民来说，他们都是只身流入城市彼此互不相识，没有任何能把他们团结起来的组织。所以他们无组织地同有组织、有武装力量的行会相抗衡，必然不会有什么结果。每一行业中帮工和学徒按照最适合师傅的利益组织起来。"他们和师傅的宗法关系使师傅具有双重力量：第一，师傅对帮工的全部生活有直接的影响；第二，帮工在同一师傅手下做工，对这些帮工来说这是一根真正的纽带，它使这些帮工联合起来反对其他师傅手下的帮工，并使他们与后者分割开来；最后，帮工由于关心自己也要成为师傅而与现存制度结合在一起了。"① 帮工和师傅之间这种相互依存的宗法关系使帮工或学徒也就不大可能反抗整个城市制度，只是在个别行会中反对个别的行会制度。仍然留在土地上的农民受到越来越繁重的盘剥，在乡村爆发了较大规模的农民起义，但由于农民的分散性，最终也没能取胜。

城市之间的交往和联系较少，居民的需求也是有限，很多生活用品他们还都是实现自给自足，所以居民之间相互交换产品的需要不是很强烈。所以这一时期分工也不发达，行会之间的分工非常少，行会内部，即劳动者之间根本没有什么分工。每个劳动者都要熟悉全部工序，他是个鞋匠，不仅要能做出模型，从裁制皮革到缝制的全部工艺都要掌握。城市资本主要是住房、手工劳动工具和世代相袭的主顾构成，这种资本与现代资本不同，他与占有者的特定劳动相联系，只有会手艺的人，这种工具以及顾客才能为他带来财富。而有限的交往常常中断这种资本的累积，一旦手艺失传了，资本的

---

① 《马克思恩格斯选集》第 1 卷，人民出版社 1995 年版，第 106 页。

累积也就中断了。马克思把这一时期的资本叫作等级资本。

随着城市之间互通有无的频繁进行，城市间交往和联系的实现，生产和交往分离开来，从这些城市居民里分离出一部分人，他们专门从事产品交换。这些人充当了产品交换的中转站，此时商人作为一个阶级产生。商人的出现更是加快城市间贸易往来，从邻近地区的贸易往来开始，交往范围不断扩大，在更远的地区都建立起了联系。当然，这种交往必须以交通工具的发展为前提。

城市间的联系不仅实现产品在不同地区的分配，同时形成生产工具以及生产工艺在城市间的分配。生产工艺或一些技术的在交往中扩展，一方面使这种发明能流传下去，较少人类文明的损失，另一方面保持已有的生产力并集合更多的力量推动生产力的发展。扩大了的生产和交往引起各城市间在生产上的分工，不久每个城市都设立了一个占优势的工业部门。拿到技术和生产工具的城市，根据历史发展起来的行业优势并结合地理环境以及资源优势，每个城市形成自己的优势生产部门，并进行专业化生产。因为这种生产效率最高，获利最多。生产的专业性更加强城市间的联系，因为很多行业是本地区所不生产的，为满足需要，只能交换。至此地域局限性开始消失。

"不同城市之间的分工的直接结果就是工场手工业的产生，即超出行会制度范围的生产部门的生产"①。工场手工业是早期的资本主义生产，工场手工业开启了资本主义发展历程。工场手工业的出现以生产、交往、分工的进一步发展为前提。交往突破民族、地域的局限，不同城市之间的生产分工出现，对手艺、技术的独占性被打

---

① 《马克思恩格斯选集》第1卷，人民出版社1995年版，第108页。

破，封建行会对帮工和学徒的束缚大大降低，人们开始离开行会组织实现自由生产。在这个生产积聚的过程中，也是资本积聚和人口集中的过程。出现在农村的资本逐渐地积聚在个人手里，一部分违反行会法规积聚到行会中，一部分积聚到商人手里。

最早的工场手工业从织布业的发展开始。织布最早是农民为了必需的衣着附带从事的劳动。随着人口增长对布料的需要，以及在布料满足了基本的遮羞、避寒之后，人们对织布发展提出新的需求，即对美的追求。对织布在数量的和质量上的要求推动了织布生产范围的扩大，农民的附带生产已经满足不了人们对布料的需求。在城市出现了一个新的织工阶级，他们生产的布匹供应整个国内市场。织工阶级的形成与城市分工的形成是一个过程的两个方面，表明这时工场手工业生产已经出现。这种专业化的生产要求突破封建行会的束缚，解放生产力。

工场手工业的出现，改变人们生产分工的同时，改变了所有制关系。伴随着商人阶级的出现，等级资本发展为商业资本，资本的自然性质逐渐被改变。原来资本总是同劳动者相关，以对手艺、技术的占有而占有资本。而商人作为一个阶级出现后，资本逐渐转移到商人手中。商人没有生产任何产品却掌握大部分的社会财富。

工场手工业的出现还推动农民摆脱那些不雇佣他们或付给他们极低报酬的行会，他们离开行会后可以加入到工场手工业的生产中。就像过去行会是农奴摆脱贵族的统治的避难所一样。农村大片耕地变为牧场，农村出现大量剩余劳动力，迫于生计他们开始加入工场手工业。工场手工业的出现改变了工人和雇主的关系。在行会中，帮工和师傅之间的宗法关系仍存在，在工场手工业中，工人和资本家的金钱关系取代这种宗法关系。分工越是发达的行业，生产越是先进的行业，这种宗法关系消灭的越是彻底，在比较大的工场手工业城市里，则早就失去了几乎全部的宗法色彩。

工场手工业下的生产再也不是以使用为目的的生产，它变成对利益的追逐，在金属货币出现后，表现为对财富的追逐。工场主组织工人生产大量的产品，在全国范围内销售，甚至扩展到世界范围内。要使产品卖出去，必须得依赖商人在城市间建立的贸易往来。因此流通中的大量金属货币很大程度上积聚在商人手里。迅速发展的工场手工业需要更多的金银，各国之间就开始争夺金银的斗争。竞争的方式有战争、保护关税以及发布各种禁令。这些措施表明这时工场手工业生产已经和国家政治建立起某种联系。通过战争把其他国家变为他的殖民地，把本国的商品销售到殖民地，解决本国产品销路问题。为防止本国金银流出，禁止金属出口，他们还通过冒险远征，在世界各地寻找金银。颁布各种禁令，对进口作出各种规定，抵制国外的竞争。

这些早期资本主义国家在冒险远征中，发现了美洲新大陆，开辟了新航线，交往扩大到世界范围内。这些殖民者在殖民地上掠夺原料，倾销产品，市场不断扩大，同时资本主义生产方式加速殖民地旧的生产方式的衰落，推动资本主义生产方式在世界范围内确立。

这些举措加速了活动资本的积累，行会中的自然资本相反呈减少的趋势。掌握财富的那些工场主和商人不断壮大，发展为大资产阶级，行会里握有少量资本的生产者成为小资产阶级。至此工场手工业生产出了资产阶级，也将产生出工人阶级，并日益生产两者的对立。

资本主义发展的第二个时期，开始于 17 世纪中叶，机器大工业生产代替工场手工业生产。17 世纪第一次工业革命爆发，以蒸汽动力带动的机器生产大大提高生产效率，生产力呈现出前所未有的发展态势。这样生产就需要更大的市场和更多的原料。工场手工业生产已满足不了生产力发展需求，必须以新的方式组织生产。

在前期发展中，尽管各资本主义国家在世界各地争相建立殖民地，并建立了各自的商品销售市场。但是他们把世界市场分割为各个部分，各个国家的销售市场是固定的，对产品的需求也是一定的。所以一旦工业生产超过市场对他的需求，就会造成产品剩余。所以国家对工场手工业一直采取保护的办法。在国内市场上实行保护关税，抵制其他国家产品的进口。在殖民地市场上，实行垄断。强制殖民地居民接受该国产品，打击民族产业的发展。在国外市场上实行差别关税。主要表现在鼓励本国加工品的出口，禁止输出原料。进口的原料加工品受到歧视和压制。工场手工业必须依赖本国贸易和殖民掠夺的发展为其生产提供廉价的原料和产品销售市场，否则就会破产。所以工场手工业就输出自己的产品而言，完全依赖于商业的扩大和收缩。

马克思说 18 世纪是商业的世纪，"贸易是本世纪的爱好"。通过贸易，把生产出的产品能销售到世界各地，而不是仅仅局限于分割了的市场。这样生产的潜力就能充分发挥出来，不会因为销售上的局限而限制生产。

工场手工业生产必须要求商业的发展，最后出现商业和工场手工业集中于一个国家的现象。这种集中逐渐给这个国家创造了相对的世界市场。商业发展为生产发展开辟市场，市场不再局限于属地，而是越过国家的界限，在世界范围内销售自己国家的产品。为了顺利销售本国产品，必须调整其贸易对策，为商品的流通扫清障碍。推动各国打破各种贸易壁垒，国家之间即使竞争对手又是合作对手，商品在世界范围内互通有无，世界市场形成。

相对世界市场的形成，各个国家的产品获得了在世界范围内销售产品的可能性。这也就造成对这个国家手工业产品的需求，而这种需求是工场手工业生产所实现不了的。首先是工场手工业分工不明确，存在身兼数职，所以产生了"大工业——把自然力用于工业目的，采用机器生产以及实现最广泛的分工"①。大工业即机器大工业，首先在于17世纪发生的工业革命，蒸汽机的发明开始以蒸汽动力带动机器的工业生产，效率大大提高。

机器大工业的产生以理论力学的发展和国内自由竞争的发展为条件。牛顿所完成的力学在18世纪的法国和英国都是最普及的科学，力学的发展成为必不可少的条件。国内自由竞争和资本主义革命是同义语，英国1640年的议会斗争以及1688年光荣革命，法国1789年的资产阶级革命都是新兴的资产阶级为了确立资本主义的生产方式的手段。以革命的手段推翻贵族的统治，争取自由生产的条件。资产阶级革命使得世界上任何一个不愿被推翻的国家，只能是采用新的关税政策维护工场手工业的生产，这一时期废除了禁止金银外运的法令。这些条件推动了大工业的发展。

2. 资本主义生产产生了它灭亡的条件

大工业把人类社会推进到一个新的发展阶段。对人类社会发展产生了极大影响。资本主义发展经历工场手工业发展到机器大工业，创造出巨大的生产力，同时也使资本主义的生产方式发展到尽头，产生其走向灭亡的前提。

---

① 《马克思恩格斯选集》第1卷，人民出版社1995年版，第113页。

第一，大工业生产"首次开创了世界历史，因为它使每个文明国家以及这些国家中的每一个人的需要的满足都依赖于整个世界，因为他消灭了各国以往自然形成的闭关自守的状态"①。

大工业创造了交通工具和现代市场。大工业的出现以交通工具的发展为前提。航海技术以及造船业的发展，开辟新航路并发现美洲新大陆，从生产到销售为大工业的发展准备了条件。大工业的出现反过来也促进新的交通工具的发明。大工业对交通发展的推动与世界市场的发展密切相关。大工业发展本身要求在世界市场范围内互通有无，优势互补，实现效益最大化。而世界范围内的交往以相应的交通工具来实现。交通工具也是大工业生产的内容，在工业革命的推动下生产技术革新快，生产在广度和深度上不断提高，能够生产所需的各种工具。

大工业决定交通工具的改进和世界市场的发展，进而控制着商业的发展。商业从手工业中分离出来就是为了城市间的贸易往来，交通工具和市场一个是商业发展的工具，一个作为商业发展的阵地，现在处于大工业生产的统治下。大工业生产一方面生产出便捷的交通工具，一方面决定市场交易的范围。所以商业资本归根到底也是工业资本的一种形式，现在出现在流通中的产品包装、运输是商业资本，归根到底还是生产资本。所以资本主义生产方式下，有生产有销售、生产内容多种多样，销售方式也不尽相同，但归根到底都是以生产为基础的，没有生产什么也实现不了。资本也有众多表现形式，有生产资本、商业资本、借贷资本等，但不论何种资本都最终要通过生产实现。生产在任何社会都是产生一切的基础。

---

① 《马克思恩格斯选集》第 1 卷，人民出版社 1995 年版，第 114 页。

大工业使竞争普遍化，一切狭隘的生产都不能存在于大工业生产中。大工业生产突破地域、民族的局限，使一切民族都卷入了竞争斗争。大工业生产在世界范围内抢夺市场和原料，任何民族都不能幸免。因为他们会通过暴力掠夺把一切民族带入到工业生产中。如果说早期的工场手工业生产包含着竞争的作用，同大工业生产相比，这种竞争仅限于城市间工场主的竞争，是行会与工场手工业之间的竞争。而且为保护工场手工业，国家经常采取保护关税的政策，限制自由竞争。大工业下首先打破这种限制竞争的贸易壁垒，为了自己的产品能在世界市场上实现，首先要打开国门，允许别国产品进入本国市场。这种竞争下的对等关系才能实现贸易自由。

大工业使世界市场最终形成，生产、消费、交换和分配在世界范围内进行，互通有无。任何国家都不能独立于世界之外，都要依赖这个大市场来满足需要。任何闭关自守的国家在资本主义的浪潮下不得不打开国门。中国在清朝末期闭关锁国，西方殖民主义者靠着坚船利炮打开了中国大门，把资本主义的生产方式输送到中国。

世界历史就是生产力的巨大发展和普遍交往的实现。世界历史的形成是实现共产主义的前提。首先生产力的高度发展，消灭绝对贫困，这样贫困就不是一个民族的贫困，斗争也就不会是一个地区的斗争。大工业下生产力实现高度发展，整个社会都发展到了较高的阶段。但发展成果只有一部分人享有，而另一部分人被排除在外。这种情况在世界范围内普遍存在着。正因为生产力的高度发展，人们的普遍交往才能建立。在普遍交往中，产生了一切民族中同时存在着的"没有财产的"的群众。这些人没有财产，仅仅依靠自己的劳动为生。而大工业下的普遍竞争，使每个工人天天都面临着失业的威胁，因为大工业生产效率提高很快，对劳动力需求就呈现相对减少的趋势。每时每刻都有工人在失业，还有一部分人正面临失业。从而由于竞争"他们不再是暂时失去作为有保障的生活来源的工作，他们陷于绝境"①。在生产力高度发展和世界交往形成的过程中即历史转变为世界历史的过程中，工人阶级首先作为历史性的存在而不是地域性的存在成长起来。其次，工人阶级的生产活动也转变为世界历史性的活动。每个人要实现自己的解放就要以全人类的解放为前提。而且当工人阶级的这种世界历史性的活动以革命的形式出现时，就成为解放全人类的无产阶级革命。"无产阶级只有在世界历史意义上才能存在，就像共产主义——它的事业——只有作为'世界历史性的'存在才有可能实现一样"②。

人类社会的发展历程同时是世界历史的形成过程，包括以往一切社会的生产都是世界历史形成的基础。大工业由于其所容纳的巨大生产力，打破地域局限，推动世界历史形成。地域性的个人为世界历史性的、经验上普遍的个人所代替。共产主义不能作为某种地域性的东西而存在，而必须作为世界历史性的存在才能实现。世界历史性的存在，也就是与世界历史直接相联系的各个人的存在。只有当生产力普遍发展并产生出了资本主义的矛盾，人类社会才会从资本主义社会向共产主义迈进（也可以跨越资本主义的卡夫丁峡谷）。只有当生产方式或者说社会条件普遍存在时，这样在各个人之间才能实现联合。当各个人的存在都变为世界历史性的存在，即每个人都是与世界相联系的各个人，这样各个人力量的联合才能形成最革命的力量。共产主义以所有这些力量的历史性存在为条件，因而共产主义的实现以世界历史的形成为条件，并最终以生产力的发

---

① 《马克思恩格斯选集》第 1 卷，人民出版社 1995 年版，第 87 页。
② 《马克思恩格斯选集》第 1 卷，人民出版社 1995 年版，第 87 页。

展为前提。

大工业生产把世界连成一个整体，并且使生产达到前所未有的高度。因为大工业生产创造的生产力比过去一切社会创造的生产力的总和还要高。大工业生产同时也造成了一个金钱社会，对物质利益的追求也达到顶峰。把自然形成的性质一概消灭掉，把所有自然形成的关系变成货币的关系。它建立了现代的大工业城市，城市和乡村的对立也达到顶峰。大工业生产使一切社会现象的异化都发展到人类社会所能承受的顶点，因而进行无产阶级革命，消灭这些异化现象也就成为历史发展的方向。

第二，大工业生产创造出巨大的生产力最终推动资本主义走向灭亡。大工业生产即机器大工业生产，这种生产把自然力运用于工业目的，采用机器生产以及实现最广泛的分工。大工业生产中采用的是机器大生产，一台机器的生产能力是上万个工人的总和，甚至更多。生产分工实行的是最广泛的分工，生产效率达到历史最高。马克思恩格斯在《共产党宣言》中指出"资产阶级在它不到一百年的阶级统治中所创造的生产力，比过去一切世代创造的全部生产力还要多，还要大。自然力的征服，机器的采用，化学在工业和农业中的应用，轮船的行驶，铁路的通行，电报的使用，整个的大陆开垦，河川的通航，仿佛用法术从地下呼唤出来的大量人口，——过去哪一个世纪能想到在社会劳动里蕴藏有这样的生产力呢？"[①] 总之，大工业生产造成大量生产力。

首先，对于这些生产力来说，私有制成为它们发展的桎梏。大工业本身包含着巨大的生产力，要把全部的生产力发展出来必须要

---

① 《马克思恩格斯选集》第 1 卷，人民出版社 1995 年版，第 227 页。

使生产成为社会生产。在世界范围分配生产资料，产品销往世界各地，实现社会化大生产。工业大生产是资本主义的生产方式下，不论是机器大工业还是它的早期即工场手工业都是生产资料私有制下的生产。由于工业大生产要求的是社会化大生产，这样在生产资料私有制同工业大生产之间就存在着矛盾。在私有制下，大工业中蕴含的巨大生产力只获得了片面的发展，许多生产力在私有制下根本得不到利用。生产力要获得进一步发展，必然要推翻束缚生产力发展的私有制。大工业产生于私有制下，而大工业发展的结果导致私有制的灭亡。所以资本主义的生产最终产生了其灭亡的根源，即生产的社会化同生产资料私有制之间的矛盾。生产力发展到一定阶段产生私有制，随着生产力的发展私有制也必将消失。

其次，资本主义工业生产产生了自己的掘墓人，即无产阶级。大工业生产中，全世界的人都在干一件事，即工业生产。大工业生产使一切民族都卷入到工业生产中，每个人都是作为工业生产的一部分而存在。他们在这种共同的社会条件中实现各自的生产生活，并生产了相互之间的社会关系。由于他们都处于社会大生产中，经历相同的生产方式，面对相同的劳动对象，所以由生产所决定的社会关系必然有一致性。特别是同一阶级在生产中的地位一样必然会形成共同的利益关系。物质生产中利益关系超越民族之上，把各民族中同一阶级的成员联合起来。所以大工业产生资产阶级的同时，在一切民族中创造了这样一个阶级："这个阶级在所有的民族中都具有同样的利益，在它那里民族独特性已经消失，这是一个真正同整个旧世界脱离而同时又与之对立的阶级"[1]，这个阶级即工人阶级。

---

[1] 《马克思恩格斯选集》第 1 卷，人民出版社 1995 年版，第 115 页。

这个阶级存在于每一民族中，不仅是本民族的工人之间，所有民族的工人之间都有共同的利益。这个阶级除了共同的利益之外，再没有别的特殊利益，因而他们能联合为一个阶级并成为社会变革的主要力量。

最后，大工业生产使得私有制和劳动之间的矛盾凸显出来，个人受剥削、受奴役的程度随着分工和私有制的发展，劳动、分工、私有制三位一体。分工从最初起就包含着劳动条件——劳动工具和材料——的分配，如果没有拥有不同劳动条件的所有者，也就没有分工。当各自拥有不同的生产资料，你有弓箭、我有刀具、他有炊具，大家一起打猎，分割猎物，做成食物，共同占有劳动产品。长期分工打猎，特别是在产品有了剩余以后，总是实行平均分配分工不大可能。拥有弓箭的所有者可能就会要求多分配产品，所以分工也包含着积累起来的资本在各个所有者之间的劈分，从而也包含着所有制本身的各种不同形式。当积累起来的资本为各个所有者劈分，资本与劳动开始分裂，即资本所有者就不是劳动者。分工越发达，资本积累越多，这种分裂就越尖锐，在达到纯粹私有制时，也就是纯粹的剥削。

"大工业不仅使工人对资本家的关系，而且使劳动本身都成为工人不堪忍受的东西"[1]。在资本主义条件下，资本家获利以对工人的剥削为前提。大工业生产使生产力发展达到前所未有的高度，同时也使对工人的剥削程度达到最高。工人生产了全社会的生活需要，却实现不了自己及家人生存发展所需。他们不仅生产自己的生活，也生产着其他阶级的需求。他们承担社会的一切重负，而不能享受

---

[1] 《马克思恩格斯选集》第 1 卷，人民出版社 1995 年版，第 115 页。

福利。他们被排斥在社会之外，因而同其他阶级，特别是资产阶级发生激烈的对抗。社会成员日益分化为越来越贫困的无产阶级和越来越富有的资产阶级。

在大工业下，劳动更加成为工人不堪忍受的异化力量。他们的生产不仅仅是本部门的生产，可能每个人的生产与其他行业的生产以及其他国家的生产都密切相关。生产是他们的联合生产，联合的力量越来越不受自己的统治，反而成为统治他们的异化力量。另一方面，大生产下的分工专业化程度是最高的。最初每个人还能掌握全部工序在各个环节都参与生产，而在大工业生产下，机器生产为主，每个人可能只有一项工作，扣动开关。这种长期机械简单劳作消耗掉人们对生活的热情以及宝贵的生命，使劳动成为不堪忍受的异化力量。

每个人在过去和现在总是从自己出发与周围世界形成相互关系，这种关系总是关于现实生活的关系。由于分工，相互之间的关系彼此制约，这样由他们自己的现实活动形成的关系对自己来说成了不以他们的意志为转移的独立存在。他们各自的生产能力成为统治他们的异己力量。因为这种生产能力最终被统治阶级所占有，并利用这种占有统治劳动者。

大工业生产开创了世界历史，使这种生产方式成为世界范围内普遍存在的生产方式，同时它摧毁一切旧的生产方式，使大工业生产成为单一的生产方式。大工业使所有制发展为纯粹私有制，资产阶级掌握社会财富，是工业资本所有者。大工业还使大批的农民、手工业者等变为工厂做工的劳动者。各个人的一切生存条件都融合为两种最简单的形式——私有制和劳动。私有制表明生产资料归资本家所有，资本家雇佣工人劳动生产产品，产品归资本家所有。私有制和劳动之间通过交换来实现，交换的手段在大工业生产下常常表现为货币。在资本家提供的条件下，工人进行生产劳动，生产出的产品经过售卖又换回资本归资本家所有，并作为下一次生产的条件。所以在大工业下一切的生产条件可以归结为积累起来的劳动，或者说私有制，以及现实的劳动。私有制是从生产资料的积累开始的，归根到底是劳动的结果。私有制，就它在劳动的范围内同劳动的对立来说，是从积累的必然性中发展起来的。私有制和劳动之间的这种分裂源于分工。所以，不论是消灭私有制，还是消灭统治个人的分工以及异化劳动，都表明推翻资本主义的生产方式是历史发展的必然要求。

生产力的发展产生了资本主义，同时资本主义在其所能容纳的生产力发展后，也将走向灭亡。大工业生产只是为资本主义的灭亡准备了条件。根本原因在于生产力的发展要求新的更适合生产力发展的生产关系，即公有制取代私有制。现实条件在于大工业生产产生了无产阶级以及二者之间的对立。所以无产阶级反对资产阶级的共产主义革命具有历史必然性。有的地区、国家工业发展没有达到发达的水平，还没有形成联合起来同资产阶级对抗的无产阶级，但这并不能阻碍无产阶级的阶级运动。因为大工业产生的无产阶级能够领导这个运动并且领导所有的革命群众。其次，大工业生产形成了世界市场，一切民族要么开始发展资本主义工业生产，而一些即使没有发展工业生产的民族或地区也不可避免地受到工业浪潮的影响。这些使处在大工业生产中的工人因为大工业生产，生活情况变得更糟糕。因为大工业生产破坏了他们固有的生产方式，生活更加困苦。再次，非工业国家由于卷入普遍的竞争斗争中，或多或少要受到大工业发达的国家的影响。大工业发展已经把资本主义的影响带到世界各地，而无产阶级的利益同世界一切被压迫民族的利益是一致的，所以无产阶级运动能够在世界范围内发动起来。

三、实现共产主义的依据

实现共产主义，不是脱离实际的空想，是我们对现有社会状况的批判中得出的必然结论。这个运动的条件是由现有的物质生产的前提产生的。"共产主义对于我们来说不是应当确立的状况，不是现实应当与之相应的理想。我们所称为共产主义的是那种消灭了现存状况的现实运动。这个运动的条件是由现实的前提产生的"①。马克思这一段话的描述中有两个很重要的内容：第一，共产主义不是空想，不是对人类社会的理想化认识。共产主义是遵循人类社会发展规律所得出的科学认识。马克思关于共产主义的认识是在研究人类社会发展规律的基础上对未来社会发展方向的科学预见；第二，共产主义不仅是科学理论，而且是现实的社会运动。实现共产主义是从现有的前提出发得出的必然结论。人类社会历史上一直发展着的物质条件是实现共产主义的物质动因。分工、生产、交往以及个人的发展过程最终都将导致共产主义的实现。

1. 消灭造成异化现象的社会分工，必须进行共产主义革命

从人类出现开始，就受到来自大自然的威胁，为了能够生存，

---

① 《马克思恩格斯选集》第 1 卷，人民出版社 1995 年版，第 87 页。

必须要联合起来，采摘食物，抵御野兽。这时形成的分工可能是由于天赋（如体力）、偶然性等自发地形成一些分工。个人基本的生存需要满足后，还会产生其他更高的需求，人们不能总是实现自给自足。没有人能把自己的全部需求靠自己生产出来，这样人们自然而然就会出现相互交换产品的需要，不仅需要交换相互的产品来满足需求，就连产品的生产也不可能独自完成，必须在全社会范围内实现广泛分工，相互协作。在现代社会生产一个小螺丝都需要不同行业、部门的分工协作。

首先，分工是私有制、阶级、国家产生的直接原因，要消灭这些统治人们的异化力量，就要消灭分工。私有制、阶级以及国家是统治人们的直接力量，分工是产生这种力量背后的不明显原因。人们能现实地感受到来自私有制以及国家的压迫，对于分工的统治力量却不是很明显地感受。在其现实性上，消灭私有制和消灭分工是同一个物质活动。分工从最初起就包含着劳动条件（劳动工具和材料）的分配，因而也就包含着产品的不平等分配。所以分工和私有制是相等的表达式，分工是就活动本身而言，私有制是就活动的产品而言。私有制由于它只是少数人占有社会生产力，而大多数的劳动者不能享受生产力成果，因而要进行无产阶级革命消灭私有制。要消灭私有制，就要消灭私有制的外部表现即分工。在私有制的基础上产生了代表不同利益的阶级以及阶级统治的工具——国家。私有制的基础上产生的统治阶级、国家也是革命所要消灭的力量，要实现这一目标，同时也要消灭分工。

不论是从消灭利益冲突方面还是就消灭国家来说，都必须消灭分工。消灭分工进而消灭这种对生产资料的不同占有，实现对生产资料的共同占有，只有通过共产主义革命才能实现。消灭人与人之间不平等的交往关系，使无产阶级从统治阶级的统治下解放出来，必须建立一个无阶级的社会。消灭私有制、消灭阶级从消灭国家开始。国家以虚幻的共同体形式出现，表面上是维护全体成员的共同利益，实质上是实现对劳动者统治和压迫的工具。消灭国家、阶级以及消灭私有制都只有在共产主义社会才能实现。在共产主义社会里，生产资料归全体社会成员共同占有，消除了对社会财富的差别占有，个人利益与共同利益实现统一。在过去一切以私有制为基础的社会形态中，由于分工以及生产资料私有制，人们从未真正实现平等以及自由。只有在未来共产主义社会里，消灭了私有制、阶级、国家才能实现人类的真正的解放。无产阶级要实现共产主义，消灭国家以及私有制，就必须消灭作为其基础的分工。

其次，实现人的全面、自由的发展，必须要消灭分工。在私有制下产生了人们固定于某一职业范围的现象。这种现象一方面限制人的自由活动，一方面限制人的全面发展。职业分工是主要的社会分工形式。职业分工使社会生活固定化，把个人的活动范围限制在职业范围内。他是个渔夫就没有从事批判的机会，他是个牧人就没有做学者的机会。人们始终屈从于各自的职业分工，屈从于生产工具，而不能自由地生产自己的生活。另一方面，这种固定化的职业生活成为一种强制性的力量。因为每个人的职业分工不是他们自愿的结合，即他们不是按照个人意愿进行生产，而是被迫进行的生产。只要人们不想失去生活资料，他就要始终屈从这种分工。因而个人从事的职业使每个劳动者的劳动成了统治自己的异化力量。

在资本主义条件下，这种现象发展到极端。在资本主义条件下，分工使工人更加分散、孤立地存在，并且分布在资本主义社会的边缘地带，沦为机器的附庸品。一方面，机器工业生产使每一个人的职业演变为简单的机械操作，个人活动范围缩小到历史最小。另一方面，人们分工更加明确，联系也更加紧密，因而更加地受到异化力量的统治。人们的自由受限程度和片面发展都达到顶端，社会生产成了个人发展不堪忍受的力量。

总的说来，人们越来越受到一种对他们来说异化的力量的统治。这种力量尽管是他们共同活动产生的力量，但这种力量在他们看来就不是他们自身的联合力量，而是某种异己的、在他们之外的强制力量。被统治群体要实现自己的个人利益，必须要推翻虚假的共同利益，即推翻统治阶级利益。在资本主义社会这种分化由两个阶级承担，资产阶级和无产阶级。财富和自由越来越为资产阶级所独享，而无产阶级越来越贫困，身心发展都受到巨大摧残。无产阶级和资产阶级之间的这种对立发展到极端，即无产阶级再不推翻资产阶级的生产方式，便再不能实现自己的发展。一场推翻资产阶级统治的革命呼之欲出。

无产阶级领导的共产主义革命能够消灭使人异化的分工，使人们从这种异化的统治力量下解放出来，把这种固定化、强制化的职业分工变为个人自觉自愿的劳动。消灭使劳动发生异化的私有制和社会分工，最终实现人的全面发展和才能总和的发挥。在未来共产主义社会能实现人全面而自由的发展。马克思在《形态》中对共产主义社会做了一般的描述"在共产主义社会里，任何人都没有特殊的活动范围，而是都可以在任何部门内发展，社会调节着整个生产，因而使我有可能随自己的兴趣今天干这事，明天干那事，上午打猎，下午捕鱼，傍晚从事畜牧，晚饭后从事批判，这样就不会使我老是一个猎人、渔夫、牧人或批判者"。

最后，消灭分工才能进一步消灭人类社会各种复杂的矛盾。人类社会从一开始就存在着分工。分工起初只是自然的分工，以家庭和家庭分工为基础。社会分裂为以血缘关系为纽带的家庭，在家庭中女性负责采集，男性负责打猎耕种。在物质劳动和精神劳动分离的时候，分工才开始成为真正的分工。"生产力、社会状况和意识，彼此之间可能而且一定会发生矛盾，因为分工不仅使精神活动和物质活动、享受和劳动、生产和消费由不同的个人来分担这种情况成为可能，而且成为现实，而要使这三个因素彼此不发生矛盾，则只有再消灭分工。"① 分工使社会中的人们分别处于不同的社会环境中，或者从事精神生产，或者从事物质产品的生产，而生产是为了消费，所以生产出来的产品必然要分配给生产者来消费。而现实关系中，劳动与享受、生产与消费并不总能均衡地分担在每个人身上，总会出现一些人多劳少得，而另一些人少劳多得；一些人在劳动，而一些人享受他人的劳动。这样人与人之间、群体与群体之间就会由于分工产生出各种利益关系，有时呈现为对立的状态，有时表现为成员的共同利益。这些关系从根本上说是社会关系的表现形式，其实质是生产力、社会状况、意识之间的矛盾的现实表现。这些矛盾外化为分工引起的矛盾。

分工使精神活动和物质活动、享受和劳动由不同的人分担，所以在生产力、生产关系和意识之间一定会产生矛盾。要想消除这些矛盾，只有消灭分工。物质劳动和精神劳动的分离开始，分工才真正地成为分工。物质劳动和精神劳动的最大一次分工，城市和乡村分离，手工业和农业相分离。分工的进一步发展，商业从手工业中分离出来。大工业生产把一切自然形成的等级资本变为工业资本。

---

① 《马克思恩格斯选集》第 1 卷，人民出版社 1995 年版，第 83 页。

资本和劳动的分裂发展地最为尖锐，也是利益分化最为突出。大部分财富集中在少数人手里，占人口绝大多数的劳动者没有财富或只有很少。社会日益分裂为两大阶级的对立。在这一过程中，伴随分工发展的还有纷繁复杂的矛盾冲突以及错综复杂的利益关系。不同利益所有者之间基于争夺利益的斗争存在于每一阶级社会中。现实的矛盾、意识之间的矛盾以及意识与现实之间的矛盾都是产生于分工中的矛盾。分工不仅使脑力劳动者和体力劳动者分属于不同的人，而且形成城乡之间的对立。不论是体力劳动和脑力劳动的差别对立，还是城市和乡村的差别和对立，都不是人类社会发展的正常现象，也不符合人的发展。所以必须要消灭分工，消灭这些限制人发展的异化现象，才是人类社会发展的正确方向。

马克思和恩格斯认为，从社会分工出现开始，社会不同发展阶段出现的职业分工都不是必然该由每个人承担的分工。每个人在生产中屈从的分工，对每个人而言都是偶然的。同时，这种分工也是处于当时社会发展阶段的个人所无法超越的界限。这个界限是由当时现实的物质生产条件为每个人所划定的。就好像历史上各个不同的发展阶段对该时代的人们来说是具有局限性的社会发展阶段。同时，人类社会每一个发展阶段都是无法跨越的历史阶段。每一时代的人都要受到现有物质条件的局限，这种局限的社会形态限制着每个人的发展。同时，各个时代的人们不断突破时代的局限性，争取个人自由全面的发展。所以马克思和恩格斯相信，从人的本性来讲，人类社会是能够消除这种外在的强制性的分工的。但是，消除这种分工不能依靠从头脑中抛弃关于分工的观念。只能在历史发展过程中，依靠人们变革现实的物质力量来消灭。

马克思主张的消灭分工是指消除个人屈从于一种生产工具的现

象，消除人们固定于职业的异化现象。他们强调要消灭的分工是作为私有制和阶级划分基础的社会分工。因为在私有制和阶级基础上的社会分工把职业变成了某种恒定、终身的职业，因而也就限制了人的自由发展。消灭了这种分工也就消灭私有制和阶级。消灭这一分工的内容主要是消灭体力劳动和脑力劳动、城市和乡村的分工。

马克思提出消灭分工，不是消灭分工的自然属性，而是要消灭分工的社会属性。人类社会到任何时候都要有分工合作，特别是在人类社会发展的高级阶段，极大丰富的物质产品如果没有分工是实现不了的。因为人们不可能把自己所需的全部产品都生产出来，即使人们能做到但是没必要。因而即使在共产主义社会，还是有不同行业的分工生产，差别在于每一个人都可以进行各种生产。所谓消灭分工，是要消灭分工带来的不平等，特别是对利益分配的不均衡。消灭分工就是实现分工从自发向自觉发展，实现分工从低级向高级的发展。消灭分工不是消灭共同活动方式，而是消除个人固着于某一分工的现象。

2. 实现共产主义是生产力发展的必然结果

实现共产主义不是什么毫无根据的空想，而是在生产力发展的必然结果。生产力与生产关系的矛盾运动推动人类社会向前发展，并推动人类社会最终走向共产主义。

首先，消灭分工、私有制以及国家统一于实现共产主义的历史过程。而分工、私有制以及国家是在生产发展的基础上产生，因而也只有在生产发展到一定阶段才会消失。生产力的发展引起分工的进一步发展，也只有在生产力的高度发展下才能消灭分工。分工、私有制以及国家不是人类历史固有的产物，都是在生产力发展到一定阶段的产物。当生产力发展到一定阶段，自然分工发展为社会分工，生产资料和劳动产品的占有出现差别，发展出私有制。社会再向前发展，阶级以及阶级统治的工具——国家出现。所以一切剥削、统治的根源产生于生产力发展的过程中，也只有通过发展生产力才能消灭剥削和压迫。

第一，生产力的高度发展使物质财富极大增长，消灭了原始极端贫困的状况。在原始极端贫困的状况下，人们的第一需要是生产自己的物质生活。人们斗争的焦点也仅仅是争取必需品的斗争，就不会形成更高的需求，也就不会产生消灭私有制以及国家的革命要求。只有当生产力发展到一定程度，人们革命觉悟才会不断提高。从最初争取生活必需品的经济斗争发展为后来的政治斗争。革命目标不是一下子就提出的，革命的力量也不是一下子形成的。革命阶级在生产力发展过程中抛掉一切陈腐的东西，最终发展为革命的无产阶级。不论是行会制度下的帮工还是组织之外的平民都没有发展成为革命的力量，根本原因在于生产力的发展水平较低，这些阶层力量受当时生产方式的制约，还不具备发展为革命的力量条件。第二，生产力的高度发展促进世界市场的形成，最终形成世界历史。生产打破地域局限性成为世界历史性的生产活动，个人也作为世界历史性的个人而存在。这样生产力的发展才能对世界各地的人们产生同样的局限性。消灭剥削、压迫的要求就不是地域性的存在。因而实现共产主义的运动必须以生产力的高度发展为前提。第三，高度发展的生产力还造成一部分人占有生产力，而一部分人被排斥在外。生产力的发展使财富积累在一部分人，而造成另一部分人的贫困。生产力的发展不仅形成两大日益对立的阶级，而且每天都在生产着二者之间的对立。直到资产阶级对无产阶级的压迫以及无产阶级的受剥削程度都超过无产阶级的忍耐极限，那无产阶级推翻资产阶级的革命就要产生。生产力的发展是人类社会发展的物质基础，只有高度发展的生产力，才能消灭人类社会中的不平等现象，从根本上消灭人剥削人、人压迫人的现象，实现共产主义。生产力不发达，没有一定的物质基础，就不会产生推翻阶级剥削的革命，实现共产主义也就是一句空话。

其次，生产力的发展不仅为革命的发生准备了必要的条件，而且生产力的发展产生革命的原因，即资本主义的生产方式再也不适应生产力的发展。人类社会的依次更替是在生产力与生产关系矛盾运动的推动下完成的。生产力决定生产关系，生产关系要适应生产力发展。当生产关系不适应生产力发展的要求时，生产力进一步向前发展就要求变革不适应生产力发展的生产关系。实现共产主义是生产力与生产关系基本矛盾运动的必然结果。生产力发展决定人类社会要从资本主义向共产主义社会过渡。

资本主义社会从早期工场手工业发展到机器大工业，生产力迅速发展，资本主义的生产方式在世界范围内确立。生产力水平达到如此高的程度，但生产力对各个生产者来说是相分离的，因为大批劳动者并不占有生产力。他们每天还要为获得产品（生产力的物的形式）屈从于简单机械劳作。这种生产力已经不是生产的力量，而是破坏的力量。另一方面，这个阶段的生产力产生出这样一个阶级，"它必须承担社会一切重负，而不能享受社会的福利。它被排斥在社会之外，因而不得不同其他一切阶级发生最激烈的对抗；这个阶级形成全体社会成员的大多数，从这个阶级中产生出必须实行彻底革命的意识，即共产主义的意识，这种意识当然也可以从其他阶级中形成，只要它们认识到这个阶级的状况"①。资本主义发展产生了革命的阶级无产阶级，并且随着资本主义的发展，无产阶级同资产阶级日益对立起来。无产阶级开始意识到资本主义的生产是偶然的，因而个人所处的地位以及生产条件也就不是必然的存在。在这个阶段，无产阶级开始产生革命的意识，并且认识到只有推翻资本主义的生产条件，才能掌握自己的生产条件。资本主义生产力的高度发展产生了自身走向灭亡的原因，也产生实现共产主义的前提条件。

具体说来，资本主义生产社会化和资本主义私有制之间的基本矛盾决定资本主义必然为共产主义所代替。资本主义的大工业生产推动世界市场的形成，生产、分配、交换和消费在世界范围内展开。这种社会化的生产要求在全社会范围内分配生产资料，而资本主义的生产方式建立在生产资料私有制上。在私有制下，私有者必然会占有生产资料，把生产变为个人生产，造成社会生产的分割。因此在社会化大生产与生产资料私有制之间的基本矛盾决定资本主义社会必然被共产主义社会所代替。生产力进一步发展就要求消灭私有制，实行生产资料公有制，建立生产资料公有制，实现全体社会成员共同占有劳动产品。

实现共产主义建立在生产力高度发展的基础上。不论是革命的准备条件还是革命动力都是建立在生产力的发展之上。不论是革命的条件还是高度发展的生产力都是现实的物质条件。没有这些现实存在着的物质条件，我们无法认识到共产主义社会的存在，更不会使实现共产主义成为现实。"共产主义和所有过去的运动不同的地方在于：它推翻一切旧的生产关系和交往关系的基础，并且第一次自

---

① 《马克思恩格斯选集》第 1 卷，人民出版社 1995 年版，第 90 页。

觉地把一切自发形成的前提看作是前人的创造，消除这些前提的自发性，使它们受联合起来的个人的支配"①。实现共产主义具有经济的性质，人类社会各个发展阶段生产的物质条件最后为实现共产主义创造各种物质条件。

马克思所形成的对共产主义的认识就是把过去各个时代的生产看作是现实的生产，并且已经认识到现在的物质条件包含过去各个时代的生产结果。正是从这一前提出发，马克思提出：一方面把现存的各个时代创造的物质条件的总和变成革命群众联合的前提；另一方面推翻旧的生产关系，把这些条件置于革命阶级的控制之下，这样就能实现共产主义。并且马克思进一步认识到，这些物质生产条件就当时社会发展来说是同生产发展相适应的必然存在。就后期社会的发展来说，当时的物质条件只是偶然的存在。因为当时的物质生产条件仍然是局限的存在，是需要不断变革的物质生产条件。在无产阶级社会产生以前的一切社会的物质生产条件都是作为共产主义社会形成的前提存在的。在共产主义社会消除以前一切物质条件的局限性，使之成为适应人的生存的合理条件。

"各代所遇到的这些生活条件还决定这样的情况：历史上周期性地重演的革命动荡是否强大到足以摧毁现存一切的基础；如果还没有具备这些实行全面变革的物质因素，就是说，一方面还没有一定的生产力，另一方面还没有形成不仅反抗旧社会的个别条件，而且反抗旧的'生活生产'本身、反抗旧社会所依据的'总和活动'的革命群众，那么，正如共产主义的历史所证明的，尽管这种变革的观念已经被表述过千百次，但对于实际发展没有任何意义"②。

---

① 《马克思恩格斯选集》第 1 卷，人民出版社 1995 年版，第 122 页。
② 《马克思恩格斯选集》第 1 卷，人民出版社 1995 年版，第 93 页。

3. 实现共产主义是普遍交往的必然结果

人类社会发展生产的过程也是实现人与人交往的过程。人与人的交往从狭隘交往发展为普遍交往的过程为共产主义的实现准备了条件。实现共产主义最终能实现个人作为个人的交往。

人类社会发展在时间上依次更替，在空间上不断扩展。从纵向来说，人类社会发展经历原始社会、奴隶社会、封建社会、资本主义社会最后进入共产主义（社会主义社会是实现共产主义社会的过渡阶段）。从横向说，人类社会发展过程就是转变为世界历史的过程。人类社会发展是在社会基本矛盾推动下向前发展的。人类社会发展的基本动力，生产力与生产关系、经济基础和上层建筑的矛盾运动。人类社会在这两对基本矛盾的推动下，一方面表现为随时间推移依次经历各种社会形态，另一方面表现为各个社会发展阶段在交往范围上不断扩大。

首先，人类社会发展既表现为生产力的不断发展，同时表现为交往范围的不断扩大。生产力和交往之间紧密相连，不可分割。生产力的发展依赖于交往。"某一地域创造出的生产力，特别是发明，在往后的发展中是否会失传，完全取决于交往扩展的情况"[①]。如果交往只限于相邻地区的交往，那发明就会只限于本地区推广，因为相邻地区只需要和本地区交换产品就行了。这样，当该地区遭遇蛮族入侵或者是战争，就会使"一个具有发达生产力和有高度需求的国家处于一切都必须从头开始的境地"。即使发达的生产力，不和其他地区进行产品交换，也难免遭到彻底的摧毁。中世纪时，腓尼基

---

① 《马克思恩格斯选集》第 1 卷，人民出版社 1995 年版，第 107 页。

人被亚历山大征服，由于这个民族之前并没有发展商业贸易，所以大部分的发明失传了。"只有当交往成为世界交往并且以大工业为基础的时候，只有当一切民族都卷入竞争斗争的时候，保持已创造出的生产力才有了保障"[1]。

从生产的性质来说，包括资本主义社会在内的以往一切社会的生产都是处于私有制下的生产。如果不考察生产资料的归属（生产的性质），生产就其本身而言，就是物质生产活动。在物质生产过程中，它以生产产品为目的，所以在客观上是要求实现社会化的生产。所以生产本身就带有社会化的倾向，那私有制在任何社会都要阻碍生产发展。在私有制下，私有者掌握生产资料，社会生产表现为许多个人的生产，社会生产被条块地分割了。交往使各个生产者联系起来，实现生产资料和生活资料之间的交换，保证被分割的生产之间的信息交换。因此，交往是生产力不断发展必不可少的条件，通过交往一方面实现生产力的传播，使生产力在更大范围获得发展。另一方面使生产力在高度上获得巨大发展。结合起来的生产资料、生产工具以及劳动者越多，生产力越能获得巨大增长。所以要最终实现对生产力总和的占有，必须以普遍交往为前提。

其次，普遍交往的形成既为共产主义的实现准备了条件，同时决定人类社会必然要过渡到共产主义社会。共产主义的实现是以生产力的高度发展和世界交往的普遍为前提。不仅是因为在普遍交往中才能实现对生产力总和的占有，还因为一方面普遍交往产生一切民族中同时存在着"没有财产"的群众，而这些群众是实现共产主义的革命力量。另一方面，普遍交往使"地域性的个人为世界历史

---

[1] 《马克思恩格斯选集》第1卷，人民出版社1995年版，第108页。

性的、经验上普遍的个人”所代替。使这些“没有财产”的群众能够走向联合，联合起来的无产阶级同这些“有钱有教养”的人相对立，否则共产主义只能作为某种地域性的东西而存在。马克思在《形态》中还指出“共产主义只有作为占统治地位的各民族‘一下子’同时发生的行动，在经验上才是可能的”①。实现共产主义是普遍交往发展的必然结果。交往与生产在人类历史进程中相互促进。生产力的普遍发展使交往从狭隘的交往发展为普遍的交往。在普遍交往中实现对生产力总和的占有，并最终实现作为个人的个人的交往。当普遍交往和生产力总和都已经实现，真正有个性的个人已经在历史中生成。

最后，作为个人的个人交往是人类社会交往的最终形态。交往从最开始局限于民族、地域范围内的狭隘交往发展到突破地域局限性的普遍交往，历史由民族的历史发展为世界历史。在世界市场中，每个国家乃至每个人的需求的满足都要依赖于整个世界。世界历史的形成一方面表明人与人的交往更为密切，另一方面个人作为自己的交往也就更加受到限制。每个人都要依赖于他人的生产才能实现自己的生产。从这一矛盾出发得出要从普遍交往发展为作为个人的个人交往，即实现自由的交往，是人类社会发展的必然趋势。在共产主义主义社会，个人作为自己的交往就能实现。

在私有制下，交往表现为私人占有物的交换，后来产生了商品交换的媒介——货币，交往就表现为以货币为中介的私人占有物的交换。这时候人与人交往变为物与物的交往，交往变为一种以物为标准而不是以人为标准的交往。马克思指出，人的本质在其现实性

---

① 《马克思恩格斯选集》第 1 卷，人民出版社 1995 年版，第 86 页。

上是一切社会关系的总和。人是交往中的人，交往应当是人的交往。而在私有制下，交往的目的是为了占有物。在交往的过程中，物成了交往的目的，而人相反只为这个目的而存在，即人作为交往的手段，这完全忽视了人的主体地位。

在大工业和竞争中，各个人的生存条件融合为最简单的形式，即在私有制下劳动，中间一切交换都以货币为媒介。有无货币以及数量的多少直接决定了个人如何交往，以及交往的内容（购买力）。因此，在货币作为媒介的交往下，人们发现自己每一次的交往以及交往形式都是偶然的，即个人的交往总是在一定条件下的个人交往，而不是作为个人的个人的交往。他们首先要受到所拥有的货币的制约，其次交换总表现为物的交换，即他们交换目的总是实现对物的占有。在私有制下，交往是异化的交往，个人无法实现自己作为个人的交往。因此，要从普遍的交往发展为作为个人的个人的交往。这个过程是扬弃交往的异化的过程，也是消灭私有制的过程。随着对生产力总和的占有，限制人发展的各种条件都消灭了，个人就能实现自由发展。从片面的人发展为全面的人，从市民社会向自由人联合体过渡，也就实现作为个人的个人的交往。普遍交往的形成，再发展下去就会出现共产主义社会作为个人的个人的交往。

4. 实现共产主义，是实现个人全面发展的必然要求

马克思在《形态》中指出他所提出的唯物史观的前提是现实的人。首先他们是有生命的个人，为维持生命就要从事活动，进行物质生产。所以个人总是处于一定物质生产条件下，他们怎么生活，他们就是什么样的人。所以每个时代的物质生产条件以及生产方式决定该时代的人以什么样的方式生活，进而决定人们建立什么样的

社会关系，并最终决定该时代的人实现什么样的发展。

人类社会从低级到高级的发展的过程也是人的发展从片面到全面的发展。物质劳动和精神劳动的分离，从纯粹的畜群意识发展独立的意识，每个人作为个体的地位逐渐凸显。剩余产品的出现以及由此而来的对剩余产品的争夺推动个人主体意识的发展，逐步孕育出具有独立意识和社会差异性的个人。分工的进一步发展不断推进个人的发展，同时也使个人越来越成为受限制的人。分工发展使个人屈从于生产工具，固定在某一职业。隶属于阶级，处于一定生活条件的控制之下而没有机会转入其他阶级。

首先，共产主义以前的一切人类社会都是以私有制为基础的社会，每个人的发展都是片面的发展。由于分工，任何人都有自己一定的特殊的活动范围，这个范围是强加于他的，他不能超出这个范围。所以在这个意义上，分工限制了人的自由发展，剥夺了个人全面发展自己的机会，因而每个人只发挥了个人某一方面的才能，这种发展只能是片面的发展。而且在分工制约下，如果他不想失去生活资料，不管他有没有兴趣，他都要始终从事这项工作。这种劳动同时又是不自由的异化劳动。

在资本主义社会，这种异化发展到极端。分工使每个人被束缚在狭小、固定的范围，劳作变为更为简单机械劳动。以前的工业生产中每个人还掌握着一门手艺，至少还能发挥部分才能。而机器大工业下，工人的工作变为操作机器这样的单一的劳动。这种劳动对人的个性的奴役发展到极端，人也就完全变成片面发展的畸形的人。

其次，实现人的解放同每个人的全面发展是同一个发展过程，要实现全人类的解放就要保证每一个社会成员的全面发展。人的全面发展只有在共产主义革命中才能实现。首先，共产主义革命消灭私有制、消灭分工，每个人根据自己的兴趣干自己想干的事，打破把人固定在某一领域的旧式分工。在共产主义社会实现每个人自由而全面的发展，每个人不只是掌握生存的某一技能，而是德智体美劳全面发展的自由人。其次，只有在革命中，无产阶级才能抛掉自己身上的一切陈旧的肮脏东西，成为新社会的基础，并孕育一个全新的社会。

消灭分工、实现普遍交往以及最后实现人的全面发展统一于发展生产力。他们不是几个不同的发展阶段，而是同一过程的不同方面。总的来说，他们之间是这样一种关系。分工、私有制以及国家在生产力发展到一定阶段产生，并开始了阶级统治。分工把个人固定在一定的范围，分工使每个人都要受到异化力量的统治，分工也使每个人成了片面发展的畸形人，最终使社会日益分裂为两大阶级之间的对抗。这一切矛盾和冲突的根源都产生于生产力发展的基础上。生产力的发展产生了这样的异化现象，随着生产力的发展这些统治人的异化力量也终会消失。因为生产力的发展产生这些异化现象的同时也产生了消灭异化的原因。首先分工、生产的发展必然伴随着交往，所以生产的发展一方面使人相分离，一方面又使人能联合为一个阶级。一方面使生产力离开各个人而独立存在，一方面使生产活动成了世界历史性的存在。生产力的发展使单个人越来越受到分工的奴役，同时生产力的发展产生了人类解放的条件。生产力的发展产生了私有制，同时也导致私有制的灭亡。所以生产力的发展产生了共产主义实现的必然性。

分工、交往以及个人的解放统一于生产的发展。生产发展使单个人的活动逐步扩大为世界历史性的活动。每个人的生产作为世界历史生产的一部分，个人的生产能否顺利实现取决于他人的生产。

他人的生产对处于生产系统中的各个人都是一种制约力量，这种力量统治着他们，使他们各自的生产更加脱离个人的控制。这种力量归根结底是由于生产从小范围扩展到大的范围，最初可能是自己个人的生产，之后可能是可预见的几个人的生产，当发展到世界市场的形成，这种生产是在世界范围内的共同活动。每个人都要受到世界市场的支配，这时候生产力进一步扩大对个人的统治，既阻碍着人的自由发展，同时也是为个人挣脱这种统治提供了条件。

最后，每一个单个人的解放程度与历史完全转变为世界历史的程度是一致的。因为世界市场的形成使"单个人摆脱种种民族局限和地域局限而同整个世界的生产发生实际联系，才能获得利用全球的这种全面的生产的能力"①。当生产发展为世界生产，个人直接同世界生产直接相联系，所以个人能够运用的力量更为广泛，一旦条件具备，这种产生于世界市场的异化力量可以同时转变为革命的力量。世界生产囊括了更多人的生产活动，每个人的生产都是世界生产不可分割的一部分，那他们自然形成的世界历史性的共同活动就能实现对世界市场的控制和驾驭。即世界市场的形成一方面强化了异己力量对人的支配和控制，另一方面也使人们有可能重新掌握生产力，进而消除这种控制人们的异己力量。通过共产主义革命，实现对"下述力量的控制和自觉的驾驭，这些力量本来是由人们的相互作用产生的，但是迄今为止对他们来说都是作为完全异己的力量威慑和驾驭着他们"②。共产主义革命消灭了这种统治着人的神秘力量（分工的力量），伴随而来的是私有制以及现存社会制度的推翻，最后实现共产主义。

---

① 《马克思恩格斯选集》第 1 卷，人民出版社 1995 年版，第 89 页。
② 《马克思恩格斯选集》第 1 卷，人民出版社 1995 年版，第 89~90 页。

马克思指出，每个时代进行生产的条件对每个人而言都是偶然性的，这些条件并越来越成为束缚个人发展的桎梏。因为这些条件是被统治阶级规定了的生产条件，任何人都不能超越。因此，马克思认为只有实际地消灭这些物质生产条件才能实现人的解放。物质的力量只能用物质的力量来消灭，要消灭这些束缚着人的生产条件只有通过革命。对于共产主义者来说，全部问题都在于使现存世界革命化。历史的动力是革命而不是批判。"没有蒸汽机和珍妮走锭纺纱机就不能消灭奴隶制；没有改良的农业就不能消灭农奴制"，以蒸汽机以及珍妮纺纱机为代表的工业革命推翻旧的生产方式以及相应的社会制度，建立起资本主义的生产方式以及相应的社会制度。解放是一种历史活动，解放是由历史的关系，是由工业状况、商业状况、农业状况、交往状况促成的。只有在现实的世界中运用现实的手段才能实现真正的解放。

四、实现共产主义的基本路径

"迄今为止的一切革命始终没有触动活动（生产）的性质，始终不过是按另外的方式分配这种活动，不过是在另一些人中间重新分配劳动，而共产主义革命则针对活动迄今具有的性质（私有制），消灭劳动，并消灭任何阶级的统治以及这些阶级本身。

1. 建立真正的共同体，以联合的方式实现共产主义

实现共产主义没有共同体是不可能实现的。分工必然存在，个

人力量由于分工转化为物的力量（异化），物的力量就是个人力量的联合，表现为不受个人控制并统治个人。共产主义革命要把人从这种统治下解放出来就要消灭分工，重新驾驭这些物的力量。个人的力量由于分工已经变成分散、独立的存在，分散的个人力量要以个体的力量驾驭联合起来的物的力量是不可能的，而必须在共同体下，以联合的方式实现对物的力量的控制。

首先，联合建立在生产发展的基础上。生产的发展必然造成成员间的联合。人类最初产生时，是不可能建立一个紧密联系的共同体的。这种分散和孤立是由他们粗陋、简单的生产决定的。从住宅建筑就能看出他们生产的分散性。最早出现的"野蛮人"，每一个家庭都有自己的洞穴；每一个游牧人家庭都有自己的帐篷。这种彼此分开的家庭经济是基于当时粗陋的生产条件的必然选择，在当时各个家庭共同耕作或者联合生产是不可能实现的。组织共同的家庭经济必须在生产力发展到一定阶段，人们在更广泛的范围内实现交往，合作才成为可能。没有机器、自然资源的开发等物质条件的准备，组织家庭经济就是纯粹的空想。只能是建一些公共的房舍，如监狱、兵营等。

消灭分散经营的家庭经济只能是在分工进一步发展的情况下，物质生产不再局限于单一的农业生产，手工业、商业在一些城市发展起来。由于遭到农村贵族的压迫，农奴不断涌入城市。力量薄弱的他们只能联合起来反对农村贵族；此外，这一时期商业从手工业中分离出来，在城市间联系逐渐建立起来。各城市的市民了解到存在着和他们一样的人，他们捍卫同样的利益，反对同样的敌人，所以他们自然地走向联合，结成许多的市民团体，依靠团体力量同对立的力量作斗争。在这些众多的市民团体中逐渐产生出市民阶级。

联合起来的社会成员使本阶级成员间的联系更加紧密，同时阶级成员通过联合为一个阶级巩固本阶级利益，使统治阶级的地位更加牢固。

其次，联合起来的个人才能实现对共同生产条件的控制。在私有制社会里，社会生产条件对劳动者个人来说是异化的生产条件。社会生产条件同实现个人自主活动相对立。劳动者个人要改变这种异化的生产条件，就要使社会生产条件置于个人的控制之下。当每个人是分散、孤立地存在于生产中，就很难实现对社会物质生产条件的控制。只有当生产力实现巨大发展，越来越多的人加入到共同的生产中，他们置于共同的生产条件之下。这时候才能实现许多个人联合起来把共同的生产条件置于每个人的控制之下，即实现个人全面而自由的生产。这时候实现共产主义才不是一句空话。

最后，只有在共同体中，个人才能获得全面发展其才能的手段，也就是说只有在共同体中才可能有个人自由。过去联合起来的共同体都是虚幻的共同体，如在国家中，个人自由只是对于那些在统治阶级范围内发展的个人来说才是存在的，因为他们是这一阶级的成员，他们才有个人自由。而对于那些处于被统治地位的人来说，这个共同体不仅是虚幻的、不真实的，而且还是新的桎梏。这个虚假的共同体是统治阶级为维护本阶级的特殊利益而联合，也就是联合的基础仅仅是个别人的私人利益，而不是全部人的共同利益。因而这就不是一个能使每个人全面发展的共同体。在这种虚幻的共同体中，每个人生活发展的条件是统治阶级实现统治的条件，每个人的生产力也是被统治阶级所占有，所以统治阶级外的任何成员都不可能获得自由发展的条件。

在以前的虚假共同体中，个人只是作为一般化的个人隶属于这种共同体。这种联合是他们作为阶级成员的联合而不是个人的联合，是因为他们受到阶级生存条件的制约而不得不走向联合。虚幻的共同体是统治阶级的联合，统治阶级之外的个人受生存条件制约而联合，不是他们作为个人的选择，而是作为阶级成员的选择。因为就个人来说，没有人愿意把自己局限在某种的生产条件下。每个人追求的是个人自主活动，而分工把每个人联系在一起，这种联合对每个人来说就是异己的。这同时给我们提供例证，要实现自由的发展，必须要控制当时的生存条件。在未来共产主义社会，无产阶级由于控制了自己的生存条件和社会成员的生存条件，联合起来的共同体是真正的共同体。

在无产阶级的共同体中，每个人都是作为个人参加的。它是"各个人的这样一种联合（自然是以当时发达的生产力为前提的），这种联合把个人的自由发展和运动的条件置于他们的控制之下，"①实现对物的力量的控制。无产阶级由于控制自己生存条件，因而能够实现作为个人的联合。无产阶级控制自己的生存条件和控制社会成员的生存条件是统一的，因为在共产主义社会每个人的生存条件是统一的，每个人的自由发展是一切人自由发展的条件。

某一阶级的各个人由于共同利益结成一个共同体，阶级的每个成员都是作为一般化的人隶属于这个共同体。只有在个人的生存条件同时也是本阶级的生存条件时，个人才属于这个共同体。每个人不是作为个人而是作为阶级的成员处在这个共同体中。在无产阶级的共同体中，却不是这样。在无产阶级的共同体中，他们是作为个人参加的，各个人自由发展的条件是共同体形成的条件。在共产主

---

① 《马克思恩格斯选集》第 1 卷，人民出版社 1995 年版，第 121 页。

义条件下形成的共同体，能够实现每个人自由的发展。

无产阶级共同体的联合是每个人自觉自愿的联合，是关于生存条件（生产力和交往形式）的必然的联合。无产阶级控制下的生存条件符合每个人的个人利益，因而能够以共同体的形式代表个人利益。在公共利益能代表个人利益的时候，真正的共同体才存在。在无产阶级联合的共同体中，每个人都是共同体的成员。共同体的公共利益同时也是成员的个人利益。因为在无产阶级的共同体中，再也没有超越于其他阶级之上的阶级，控制社会的生存条件，并决定其他阶级的活动方式。个人能够把自己的生存条件置于控制之下，实现每个人作为个人的个人的交往。

随着联合起来的个人对生产条件的控制，个人自由发展的要求同他的生活条件之间的矛盾也消除了。个人生产自己生活的劳动也是实现个人全面发展的劳动，在这里劳动的异化性质消失了。个人能够根据自己的兴趣选择自己想干的事，个人的行动更加自主，表现出充分的自由，而不是像原来那样屈从于自然形成的分工，被划分在固定的界限内。在这里，劳动就是按照个人的意志自由选择，是个人自由实现个性的体现。每个人依着自己的兴趣干自己想干的事，就是全面发展的健全人。在自由联合的共同体中，不是说每一个人是无所不会的全才，马克思强调的是给每个人提供发展才能的机会。它不是要求我们每个人同时成为钢琴家、画家或作家，而应当是当我们有兴趣成为一个钢琴家、画家或作家时，不会因为没有机会发展这样的一些才能。在未来的共产主义社会里，仍然会存在职业划分，有不同范围、不同领域的实践活动。但是，这些活动与以前的分工相比，最大的不同在于这些活动不再是强加在个人身上的劳役，而是每个人自由选择的结果。

2. 实现共产主义必须占有生产力总和

各个人必须占有生产力总和，这不仅是为了实现他们的自主活动，而且是为了保证自己的生存。

首先可以看到，在分工下，特别是大工业的分工下，这种生产方式把每个人都限制在一个点上，他是制造螺丝的，就一定不会做轮胎的。每个人都固定在自己的点上，彼此是分散、孤立的。他们只知道自己做了螺丝和轮胎，看不到自己也是汽车生产者。所以每个人的生产力同社会的生产力是相分离的，因而个人力量在生产中的作用就容易被忽视掉。另一方面，各个人在分工中又是相互交往、彼此联系着的。任何一件产品都不是一个人所能完成的，所以生产力的总和对于各个人来说都不是个人的力量。由于在大工业下，商品是主要的财富形态，所以生产力就具有了一种物的形式。而这个物属于私有者，所以生产力表现为私有制的力量。只有当个人是私有者，生产力才是个人的力量。由此我们可以发现，个人被排除在社会生产力之外。劳动者生产了社会生产力，却不占有生产力。

资本和劳动的分离达到了尖锐的程度，他们的劳动成了束缚他们个性的桎梏。在大工业生产下，他们劳动的条件再也不能使他们实现自主活动，这种劳动成了以摧残生命的方式维持生命。在以前的各个时期，社会生活条件尽管对个人的自主活动（自由）有限制，但人们为维持生活而进行的生产一定程度上还是人们自由选择的结果，而且这种生产也是发展性的或者技术性的，人们在生产中一定程度上也能实现个性。中世纪的手工业生产者对于本行业劳动和熟练技巧还是有兴趣的，这种兴趣还可以达到某种有限的艺术感。而现代工人甚至失去对生活的兴趣，他们只追求生存以及这个时代的人只有金钱这个概念。原来劳动还可能是自主活动的形式，现在劳动反而是自主活动的否定。大工业生产使物质生活的生产与个人自主活动完全对立起来，物质生产活动表现为目的，劳动表现为手段。物质生活生产成了劳动的唯一目的，人们也没有自主活动了。在一个正常的社会，物质生产活动应当是维持人的生存的手段，而不应当作为目的，就像生产大米是为了活着，但活着绝不是为了生产大米。在满足生存需求的基础上，人要实现对自由的追求，实现人的全面发展，使物质生活生产与个人自主活动统一起来。

实现个人自主活动与物质生产生活的统一于人的全面发展。这必须以个人占有生产力的总和为前提，即重建个人所有。既然生产力的总和表现为私有制的力量，并且只有在个人是私有者的情况下，生产力才是个人的力量。那我们就要实现对生产资料的占有，这种占有不同于以往的私有制，这种所有制是全体社会成员共同占有生产资料。实现对生产力总和的占有就是实现共产主义的运动。

占有生产力总和是生产力发展的必然结果，也是实现共产主义的必要前提。过去各个社会中，统治阶级之所以能实现对被统治阶级的剥削、奴役，就在于统治阶级占有生产资料、生产工具并占有劳动力，因而也就占有生产力总和。所以要消灭私有制，实现共产主义，首要的就是占有生产力总和。实现对生产力总和的占有，个人才能进一步控制生存条件，实现个人的解放以及自由地发展才成为可能。

占有不是一帆风顺的，占有是革命，是推翻旧的生产方式以及交往形式。占有要受对象、进行占有的个人以及占有方式的制约，归根结底，占有受生产力发展的制约。

首先，占有受所要占有对象的制约。占有的对象是生产力的总和，即"受发展成为一定总和并且只有在普遍交往的范围里才存在的生产力"①。原始社会对生产力的占有同生产力发达阶段的占有在内容上不同。在生产力不发达阶段上占有的生产力局限在某一地域、民族范围内的占有。早期皮鞋制造者从图样到皮革再到最后的缝制都是自己完成，而占有的生产力可能最多扩展到皮革生产者的劳动。而现在生产一双皮鞋，首先是电脑作图，这就占有了电脑生产者的劳动，其次皮革也是在许多道工序加工下完成的，再次最后的缝制阶段也都是在每个人的专业分工下共同完成的。所以生产力发展水平越高，占有的内容越丰富，每个人就越能够享受社会生产力总和。当每个人的劳动都依赖于全体社会成员的劳动，即每个人的生产都运用了他人的生产力，就能实现对生产力总和的占有。几乎每一个劳动产品都是社会成员直接或间接的生产。这种情况以世界范围内的普遍交往为前提。当交往突破民族、地域的限制发展为普遍交往时，普遍发展的生产力同时出现。这样发展起的生产力总和包含着社会各个成员的生产力，是社会成员共同活动的结果。所以占有生产力总和的过程是普遍交往的过程。

其次，占有受进行占有的个人的制约。占有生产力总和的个人必须是全面发展的人。对生产力的占有过程也是发展生产力，是运用物质生产工具发挥个人才能的过程。物质生产工具作为生产力发展水平的标志，生产力发展水平越高，生产工具越先进，每一次占有生产工具，个人都会发展出一些才能，都比原来达到一个更高的水平。"对生产工具一定总和的占有，也就是个人本身的才能的一定总和的发挥"②。

---

① 《马克思恩格斯选集》第 1 卷，人民出版社 1995 年版，第 129 页。
② 《马克思恩格斯选集》第 1 卷，人民出版社 1995 年版，第 129 页。

个人要占有生产力总和，必须是满足这样一些条件，即他能够实现自己不受限制的自主活动。即实现个人自主活动与物质生产活动的统一，使个人的自主活动过程就是对生产力总和占有的过程，并实现着个人才能的发挥。个人不断扬弃片面发展的个性，走向全面发展；个人不仅要会简单劳动，也要会复杂劳动；不仅能从事体力劳动，还要能够从事脑力劳动；能打猎捕鱼，也能从事批判。个人能够实现自己的充分的不受限制的自主活动。根据自己的兴趣今天干这事，明天干那事。

"过去的一切革命的占有都是有限制的"，首先在过去的革命中人们占有的是有局限的生产工具，所达到的交往范围也是局限于某一地域或民族的交往。这种局限的社会条件决定了个人的自主活动是受到束缚的。因为他们占有的是局限的生产工具，所以他们个人才能也就不能很好地发挥。在这样的一种占有下，个人的自由发展就会受到限制。一方面还要屈从于分工，屈从于他们的生产工具，而自身也不能全面地发展。这样的一种占有必定是有限制的，并且是达到新的局限性。奴隶占有奴隶主的生产工具只是达到贵族对农奴的占有，这种占有还是剥削与被剥削的关系。他们必须要在这种生产工具（农具）下进行劳动，他们想要发展其他的才能，但没有这个机会，因为没有占有先进的生产条件。只有无产阶级能实现对生产力总和的占有。无产阶级在大工业下完全失去了自主活动，这一阶级的革命即对现存社会条件的否定就能够实现自己充分的、不受限制的自主活动。实现对生产力总和的占有以及占有先进的生产工具发挥才能总和。

过去一切阶级的占有（所有制）下，每个人都固定在一种劳动上，屈从于一种生产工具。他们不从事其他劳动，也没有其他技能，他们所会的就只有使用这一种生产工具。他们是片面的畸形人。在无产阶级的占有制下，"许多生产工具必定归属于每一个人，而财产则归属于全体个人"①。在无产阶级实现占有后，生产工具不是固定地属于某个人，每个人都可以进行各种生产。人们才能总和得到发挥，人们不是局限在某一行业、领域的片面发展，而是个性自由发展的全面发展。

最后，占有还要受实现占有所必须采取的方式的制约。首先占有只有通过联合才能实现。大工业发展使无产阶级在世界范围内普遍成长起来，由于大工业生产造成的无产阶级的特性，他们必然要联合起来。大工业生产方式在世界范围内确立起来，所以无产阶级能够普遍地出现并逐渐形成一个阶级。大工业生产形成世界历史，使人们的交往范围扩展到世界范围。人们之间广泛的联系决定了要实现对生产力总和的占有必须要使无产阶级联合起来。

这种占有只有通过革命才能实现。在革命中，一方面，旧的生产方式和交往形式尽管已经不适应生产力的发展，但不会自行退出历史舞台。只有通过革命推翻维持这种生产方式的权力，并打碎建立在生产方式基础上的社会结构，即推翻国家。另一方面"革命之所以必需，不仅是因为没有任何其他的办法能够推翻统治阶级，而且还因为推翻统治阶级的那个阶级，只有在革命中才能抛掉自己身上的一切陈旧的肮脏东西，才能成为新的社会基础"②。革命使无产阶级抛掉迄今为止的社会地位所造成的局限性。在革命中发展共产主义意识，提高革命觉悟，使自发的斗争发展为自觉自愿地进行斗争。无产阶级为实现对生产力占有所需的能力要在革命中得到发展。

---

① 《马克思恩格斯选集》第1卷，人民出版社1995年版，第129页。
② 《马克思恩格斯选集》第1卷，人民出版社1995年版，第91页。

对生产力总和的占有过程也是无产阶级走向联合的过程，在这个过程中实现着每个人自由、自觉交往。

占有生产力总和与实现普遍交往是密切相连的。生产发展离不开交往，交往以生产发展为前提。实现对生产力总和的占有过程也是交往发展为普遍交往的过程。

对生产力总和的占有过程是实现普遍交往，占有先进生产工具发挥个人才能总和的过程，也是发展人的能力、实现全面发展的过程。在这一过程中，无产阶级逐渐走向联合。随着联合起来的个人对全部生产力的占有，私有制也就终结了。这时全人类进入了一个崭新的世界，共产主义社会。不论是生产力总和的占有还是实现人的全面发展，归根到底在于生产力的发展。实现共产主义以生产力的高度发展和普遍交往为前提。

在这一阶段上，个人的自主活动是充分的、不受限制的自主活动，并且自主活动同物质生产统一起来。个人生产自己物质生活的同时是个人自由发展个性的活动。一切自发性的因素消除，达到自觉自愿的活动，即作为个人的个人交往。比如学习是因为爱学习而去学习，而不是因为高考的原因。如果是基于外界客观原因，那这种活动就不是自觉的活动，因而这种活动也不是作为个人的个人交往。在这一阶段上的劳动也是这样，它不是作为谋生的手段而存在，而是成为一种需要。人们在劳动中发展自己、提升自己的能力。迄今为止历史上一切偶然的东西，剥削、压迫或者是固守于一个职业在这里终止了，每个人自由而全面地发展。

第三章　国家和法同所有制的关系

一、国家和所有制的关系

在人类社会发展的不同阶段，所有制表现为不同的形式。最早的所有制形式表现为部落所有制，社会结构只限于家庭的扩大，部落首领和成员。生产资料归全体成员共同所有，没有私有制更没有国家。部落首领管理共同的生活资料。后来，几个部落通过契约或征服联合为一个城市，形成公社所有制和国家所有制。公民共同享有支配做工奴隶的权力，这种共同占有是面对奴隶所形成的联合的方式。严格说来，这时候同部落所有制一样，这种占有只针对奴隶，还不是真正的私有制。真正的私有制是随着动产的出现才开始的。后来，动产私有制和不动产私有制都发展起来，公民共同占有的权力以及自然形成的联合方式逐渐趋向衰落。与此同时一些代表城市利益的国家和一些代表乡村利益的国家之间的对立出现了。居民第一次划分为两大阶级，公民与奴隶。所有制发展的第三种形式，封建的或等级的所有制。这种所有制像部落所有制和公社所有制一样，也是以一种共同体为基础的。在农村土地占有的等级在国家结构的划分上也是以等级的形式出现，有王公、贵族、僧侣和农民的划分。在城市出现同业公会所有制，并发展与之相应的行会组织，维持师傅和帮工之间的宗法关系。手工业者逐渐积蓄起来少量资本。这种等级资本经过工场手工业发展为商业资本，最后在机器大工业中发展为工业资本（也叫现代资本），并且资本积聚在少数人手中，表现为个人所有。至此现代资本已发展为抛弃了共同体的一切外观并消除了国家对所有制发展的任何影响的纯粹私有制。

在发展为纯粹私有制以前，生产资料总是以共同占有的形式表现出来，人们还能看到这种生产资料的所有制同社会组织或结构存在某种关系。只是有时候会颠倒这种关系，把所有制关系看成是国家组织的产物，而没有看到国家或社会结构组织不过是按照所有制关系来组织的。就像封建社会由于对土地占有的不同，国家就把这些人划分为四个等级。土地占有最多的叫王公，次之的是贵族，接下来依次为僧侣和农民。这些身份不是他们先天就带来的，而是根据各自的财产以国家的名义"赋予"他们的。这种身份等级维护着这种财产关系。当私有制发展到最高阶段变为纯粹私有制时，它抛弃了共同体的形式，表现为单个资本家个人占有。从表面看好像国家与这种占有之间没有关系，变成一个纯粹的社会管理组织，实质上国家仍是按照生产资料所有者的利益组织起来的。现代国家是与这种现代私有制相适应的。

税收是政府收入的主要来源，现代国家中大资产阶级掌握着社会大多数财富。"国家由于税收而逐渐被私有者所操纵；由于国债而完全归他们掌握；现代国家的存在既然受到交易所内证券行市涨落的调节，所以它完全依赖于私有者即资产阶级提供给它的商业信贷"①。资产阶级由于掌握着整个社会的生产并直接握有财富，所以掌握着国家的经济命脉。国家存在依赖于资产阶级提供的物质利益保障，所以国家总是维护资产阶级的利益，否则国家政权就岌岌可危。

作为资产阶级来说他们一定会把国家变为本阶级的组织，按照阶级利益组织起来。大工业生产产生工业资本的同时，也产生了掌握这些资本的资产阶级。他们作为一个阶级而不是等级在全国范围内普遍存在着，并且由于阶级利益，他们逐渐联系在一起。由于普遍交往和广泛分工的必要性，任何地域性的存在都阻碍着利益的实现。所以"他们必须在全国范围内而不再是在一个地域内组织起来"，以维护共同的利益。并且"必须使自己通常的利益具有一种普遍的形式"，这个普遍的形式即国家。所以在资本主义社会里，国家就是统治阶级按照自己的利益组织起来的政权机构，以使本阶级的特殊利益获得普遍性的形式。

经济基础决定上层建筑，生产资料所有制作为生产关系中最重要的内容，是人们建立一切社会关系的基础。当所有制发展为纯粹私有制，抛弃了共同体的外观，国家"获得了和市民社会（经济基础）并列并且在市民社会之外的独立存在"②。生产资料从形式上也不再表现为国家所有，而是私人所有。人们也就很难把国家同经济利益联系起来。经济基础对国家的这种决定性的作用被隐藏起来了，从表面看起来，国家和物质利益关系是两个不相关的部分。就现代资产阶级国家来说，国家政体采用的是民主共和政体，宣扬自由、

① 《马克思恩格斯选集》第 1 卷，人民出版社 1995 年版，第 131 页。
② 《马克思恩格斯选集》第 1 卷，人民出版社 1995 年版，第 132 页。

平等，消灭了封建社会的等级现象，从政党到首脑都采用的是民主选举。国家作为阶级统治的工具在这里完全被掩盖了。实际上，国家不外是资产者为了在国内外相互保障各自的财产和利益所必然采取的一种组织形式。

国家是社会发展到一定阶段的产物，是随着私有制的出现而出现的。国家总是作为阶级统治的工具以维护统治阶级的利益，从国家的产生上我们也能看到这一点。最早的时候不存在阶级，更不存在国家，因为当时极其恶劣的生活条件人们连获取必须的生活资料都很困难，根本不会出现剩余，所以也就不可能有专门管理并统治社会上其余一切人的社会组织。当社会生产中有了一些剩余，而这些剩余被某一阶级占有时，为巩固占有的地位，即必须要有国家了。这个阶级由于掌握管理社会的权力，因而能够建立维护本阶级利益的国家。

恩格斯指出："国家绝不是从外部强加于社会的一种力量，国家也不像黑格尔所断言的是'伦理观念的现实'，'理性的形象和现实'。国家是社会在一定发展阶段上的产物；国家表示这个社会陷入了不可解决的自我矛盾，分裂为不可调和的对立面而又无力摆脱这些对立面。而为了使这些对立面，这些经济利益互相冲突的阶级，不致在无谓的斗争中把自己和社会消灭，就需要有一种表面上驾于社会之上的力量，这种力量应当缓和冲突，把冲突保持在'秩序'的范围以内。这种从社会中产生但又自居于社会之上并且日益同社会脱离的力量，就是国家"。国家就是建立在生产资料所有制基础上的机构组织，其实质就是维护统治阶级的利益，镇压被统治阶级的工具。

二、法和所有制的关系

尽管国家是虚幻的共同体，但它仍是把全体社会成员组织起来的政权组织。国家在社会关系中连接着统治阶级和被统治阶级。统治阶级的利益经常上升到国家的高度，作为全体社会成员的共同利益表现出来。为维持社会秩序，保障各项生产有序进行，国家承担着管理社会的职能。国家还以暴力机关军队、警察、监狱、法庭等保证实施。社会活动很大程度上都表现为国家活动，所以国家在整个社会中获得了集中表现。"一切共同的规章都是以国家为中介的，都获得了政治形式"①。许多规章制度、法律法规都是由国家机关发布并予以执行，"由此便产生了一个错觉，好像法律是以意志为基础的，而且是以脱离其现实基础的意志即自由意志为基础的"②。在其现实性上，法律不过是统治阶级的意志上升为国家意志，并依靠国家强制力保证实施。所以法律就是统治阶级意志的表现，正如私有制发展为个人的纯粹私有制时，这些大资产阶级为保护私有财产，通过把这一意志上升为国家意志，在法律予以确定，即私有财产神圣不可侵犯。法律也是建立在经济基础之上的观念上层建筑，由经济基础决定，并反映现实的经济利益关系。

"私法和私有制是从自然形成的共同体（部落）的解体过程中同时发展起来的"。私法是随着私有制的产生、发展而产生、发展

---

① 《马克思恩格斯选集》第 1 卷，人民出版社 1995 年版，第 132 页。
② 《马克思恩格斯选集》第 1 卷，人民出版社 1995 年版，第 132 页。

的。罗马人最早制定了罗马法，由于罗马时代工业和商业没有多大发展，他们整个的生产方式也没有什么变化，所以在罗马人那里，私法同私有制一样，没有多少发展。后来随着工业和商业的发展，瓦解了封建的生产方式，私有制和私法也发展到一个新的阶段。在中世纪，阿马尔菲由于发展了广泛的海上贸易制定了海商法。随着私有制的进一步发展，罗马私法在很多国家都重新发展起来。后来资产阶级出现，私有制更为纯粹，要求保护私有财产的私法逐渐发展起来，并且大部分国家都发展了以罗马法为基础的私法。

　　所有制关系在法律上的表现形态就是所有权。私法的发展最终把所有制关系确定下来，即所有权。对所有使用和滥用的权利，即所有权"一方面表明私有制已经完全不依赖于共同体"，而是个人的一种权利，排除他人所有。这中对财产所有的规定对私有者具有极为明确的经济界限。因为如果私有者不希望他对财产所有的权利转入他人之手，他就要遵守这个规定。所有权"另一方面表明了私有制本身不是以个人意志即以对物的任意支配为基础的"，对物的所有不应当仅仅是观念的所有，应当是在实际的关系中现实地支配，并取得一定的物质结果。否则如果说所有制是以意志为基础，那任何人都可以说这是他的所有物，但一回到现实的生产关系中，这种所有就没有内容了，也不会带来什么实质性的利益。所以马克思说"仅仅从所有者的意志方面考察物，根本不是物；物只有在交往中并且不以权利为转移时，才成为物，即成为真正的财产"①。当所有制获得法律的形式，以所有权的形态出现时，人们就容易把它看作是纯粹意志或自由意志。而法也不过是经济关系的反映，所以所有制不是脱离现实利益的纯粹权利，它反映的是人与人之间经济利益关

① 《马克思恩格斯选集》第1卷，人民出版社1995年版，第133页。

系的。而所有权是所有制在法律上的表现形态，是对所有制关系的反映，它以现实的所有制关系为基础。所有权就是以法律的形式把人们对生产资料的占有关系固定下来。

如果仅仅把所有制看成是人与物的一种权利关系，必然会造成这样的现象：某人在法律上可以对某物享有权利，但实际上并不拥有某物。例如，一块土地由于地理位置或者说不够肥沃，找不到租赁者，那这块土地就不会提供地租。土地所有者在法律上是土地所有者，享有支配和使用的权利。但是这种权利实现不了，因为它离开了现实的生产。即"只要他还未占有足够的资本来经营自己的土地，他作为土地所有者就一无所有"[①]。所有制不仅仅反映在法律上的一种权利关系，更是人与人的一种社会关系。所有制在本质上是物质生产过程中表现出来的不同利益主体的利益关系，反映的是劳动者不仅占有生产资料而且还占有劳动产品进而占有劳动者的劳动。所有制反映的是阶级社会中剥削与被剥削、压迫与被压迫的关系。也正是人们对生产资料这样一种占有关系要求体现在法律上，来巩固这种关系。

法的关系是由所有制关系决定的，根本上是由生产方式和交往形式决定的。在不同的发展阶段上，所有制的形式不同。法随着所有制关系的变化而变化，根本上说是随着生产的变化发展而变化发展。法学家们不承认人与人之间的关系的必然性，认为缔结契约是根据双方的个人意愿，这些关系是可以随便建立或不建立，因而是偶然的。他们没有看到契约背后的经济利益关系是决定人们订立契约的根本原因。这种在处于一定生产方式下的经济利益关系是人们建立其他关系的基础。法总是对经济关系的反映，当工业和商业的

---

① 《马克思恩格斯选集》第 1 卷，人民出版社 1995 年版，第 134 页。

发展创造出新的交往形式例如保险公司出现，法就要承认这种组织的合法性，并承认这种对财产占有的合法性。

三、意识形态与所有制的关系

道德、法律、宗教、哲学、政治思想以及其它一切思想、理论或者观念等意识形态都是产生于经济基础之上的观念上层建筑。笃信宗教家、法学家、政治家把观念看成是现实关系的来源，在他们那里一切都是自我意识发展的结果，颠倒了意识和存在的关系。人类社会发展过程是物质生产的过程同时也是精神生产的过程。众多的精神产品是人类重要的文明成果，也是现实生活的写照。这些观念的东西产生于现实的物质生产中，是对现实关系的反映。

这些观念性的存在经常被当作现实的存在，特别是对一些从事脑力劳动的理论家们来说更是这样。理论家们总是把自己的思想、观念看作是现实的社会关系，并以为是这些理念在推动现实社会的进步。这种错误认识产生有其特殊原因。

首先，分工产生职业固定化，这种固定也是一种独立的存在。即每个人只从事一个职业，他们只知道自己的职业性质、特点，而不知道他人的职业。他们禁锢在自己的职业中，因而缺乏全面看问题的眼光。其次，每个人都有一份谋生的职业，掌握着一门手艺，每个人所需最基本的生活资料都要靠手艺获得，所以每个人都认为他的手艺（能力）是真的。再次，手艺本身的性质决定了人们必然会放大它的作用。他们运用自己的手艺作用于客观事物，引起事物的变化。在这个过程中人们能切实地感受到手艺的力量，在他们看来手艺是万能的，能够创造出大自然所没有的。手艺本身具有的这种特质就会容易使人们忽视外在物质世界，相反把各自的手艺都看成是最现实的力量。也就必然产生关于自己手艺和现实相联系的错觉。

其次，现实的关系在意识中成为概念。法学家以及政治家创立的法学、政治学都把现实的关系看作是观念的存在。事物成了观念的派生物，在他们那里观念是事物发展的动力。所以他们也就看不到现实关系的不合理。因为他们没有超越这些关系，所以有关关系的概念在他们看来就成了永恒的东西，这些关系的概念在他们的头脑中也成为固定的概念。例如，法官运用法典，所以在他们看来案件审判的结果是先天的包含在法典中。因此法官就认为，只要做好立法工作，就能解决现实的矛盾，因而认为立法是真正的积极的推动者。

所以法的观念、国家的观念本来是现实的社会存在所决定的社会意识，在政治家和法学家那被看作是先验存在。

不仅法的观念、国家的观念是由社会存在所决定的意识的范畴，宗教观念也是反映社会存在的意识范畴。宗教观念不仅是对现实关系的反映，而且这种反映是对现实世界歪曲、虚幻的反映。尽管这种反映是歪曲的、虚幻的，它仍然是对现实世界的反映，只是由于当时社会现实被掩盖起来了，表露在外的是一些假象。宗教观念是统治阶级用以维护统治地位进行思想统治的工具。

"宗教一开始就是超经验的意识，这种意识是从现实的力量中产生的"首先我们应当明确的是宗教是一种观念、意识。宗教仍然是对客观世界的反映，只是这种反映是虚幻的、歪曲的反映。宗教产生于尚未被人们认识的，或者是现阶段实践水平所认识不了的客观存在。原始社会人们对自然界还认识不了，由于无法理解一些自然现象就把自然界神秘化，把它想象为某种神秘的力量，对这种力量加以膜拜。这样最早的自然宗教产生了。到今天为止，宗教仍然存在于人们的生活中，形式和内容与最早的自然宗教相比，都有很大变化。世界三大宗教佛教、基督教、伊斯兰教信仰崇拜的对象都不一样，它们或者是把上帝尊崇为最高统治者或者是膜拜真主安拉，不管是上帝还是安拉，都是人们虚幻的反映，在客观世界都能找到原型。所以宗教就其内容来说，和其他社会意识形态一样，都是对社会存在的反映。一切宗教信仰和崇拜的对象都是幻想出来的东西，并不是什么现实中存在的统治着人类的神秘力量，只是人们对于不受自己控制反而统治自己的社会力量的神秘化。"宗教不过是支配着人们日常生活的外部力量在人们头脑中的幻想的反映"。

马克思对青年黑格尔派的批判中指出青年黑格尔对现实的批判落在宗教批判上。根本原因在于他们没有认识到宗教的本质，而把宗教看作是产生现实矛盾的原因。想要借助从头脑中消除宗教观念进而来消除不合理的现实关系，颠倒了真实的关系。马克思指出只要我们消灭了现实关系的不合理，有关宗教的虚幻观念就会消失。

历史上的任何宗教，都是在一定的物质生产条件下产生于现实的社会关系中，是特定社会历史条件的产物。特别是在阶级社会中，宗教的产生与统治阶级实现统治密切联系在一起。在阶级社会中，统治阶级剥削、压迫被统治阶级，为了不致引起被统治阶级的反抗，统治阶级把宗教作为麻醉人们并控制人们的"精神鸦片"。宗教统治下，这种压迫人、剥削人的统治力量变成上帝给人们的惩罚，人们只能忍受，而不能反抗，这样才能获得解脱。统治阶级利用宗教统治人们的思想，进而实现经济上的统治，以此来巩固自己的统治地位，维护统治阶级利益。所以宗教产生的最现实的基础是物质生产。在物质生产过程中，统治阶级为维护本阶级的物质利益，将客观现实歪曲，就形成了宗教理论。

国家、法以及道德、宗教等意识形态领域的内容产生于经济基础之上，是反映一定利益关系的上层建筑。这些理论观念总是在一定的物质生产中产生，总是反映统治阶级的利益要求，因而是统治阶级的统治思想。

统治阶级的统治思想表现在各个方面，道德、法律、宗教、哲学、艺术观念等在阶级社会中都具有一定的阶级性。这些思想观念反映的是统治阶级的利益，是意识形态领域的内容。在社会中占统治地位的政治、经济、法律、哲学、伦理、历史、文学、宗教等观念、理论、学说或意识形式都属于意识形态的范畴。

意识形态从本质上讲是各种意识观念的总和。一方面，作为国家意识形态的各种思想、理论、观念不是从来就有的，只有在意识从纯粹的畜群意识发展为相对独立的意识形式，理论观念才开始产生。另一方面，意识形态在内容上同意识一样，是对现实关系的反映，特别是对统治阶级利益关系的反映。

第一，意识形态建立在独立的意识形式上，是各种理论、学说的总和。纯粹畜群意识发展为纯粹意识是建立意识形态的前提条件，而这种转变是在劳动实践的过程中完成的。一当人们开始生产自己的生活资料，人们就把自己同动物区别开来。首先人们能根据意识区别人与动物，即人具有的是对周围世界同我的关系的认识。动物只有感知的本能，即它们还认识不到关系。人的意识最初只是对直接可感知的环境的一种意识，这种意识是基于对自然界认识不足的狭隘意识，人们像动物一样慑服于自然界。这种直接感知的狭隘认识决定人们这时还不可能构造出纯粹的理论，像哲学、神学等。换句话说，这时人们只能在实践的过程中产生零星的几点认识，离开实践过程便不能再现认识。同时这也说明体力劳动和脑力劳动没有分离，没有出现专门从事脑力劳动的理论工作者。

处于现实的生产实践中，人们获取越来越多对外部感性世界的认识。人们从这些纷繁复杂的感性认识中抽离出一些本质的、必然的联系，逐渐地确立起对外部世界更深层次的认识。即人们对世界的认识不再单一地局限于实践中的感知，而是能够构造现实中不存在的东西，"不用想象某种现实的东西就能现实地想象某种东西"。从这时候起产生一批专门从事脑力劳动的理论工作者，他们脱离世界去构造纯粹的理论、神学、哲学道德等等。原来纯粹的畜群意识这时候也获得相对独立的形式，并有可能发展为独立的社会意识。

第二，意识形态是不同于个人意识的群体意识。在意识形态确立之前，群体意识经历了不同的发展阶段。意识形态不是单个人的意识，是一种社会意识形式。意识从性质上说总是表现为社会意识，具体按照意识的外部表现可分为社会心理和社会意识形式。从内容上说，意识包括单个意识、群体意识。意识形态是作为上层建筑的那一部分社会意识形式，比如宗教、法律等。社会意识除了包括上层建筑的意识形式还包括非上层建筑的意识形式，比如逻辑学、数学等一些自然科学。不管是理论化、系统化的学说体系还是没有经过系统论证、分散存在着的社会心理，最初总是作为个人的意识产生每个人的大脑里。

"发展着自己的物质生产和物质交往的人们，在改变着自己的这个现实的同时改变着自己的思维和思维的产物"①。每个人生产自己物质生活的同时实现着精神生活的生产。每个现实的人从生产自己的物质生活本身开始，就包含着意识的生产。人们生产生活资料的生产不只是个人肉体的再生产（不同于动物），它同时形成了个人独

---

① 《马克思恩格斯选集》第 1 卷，人民出版社 1995 年版，第 73 页。

特的生活方式。个人生产自己生活资料的生产是配合以"意识"的生产。一方面物质生产产生人的意识；一方面人的意识指导生产实践的进行。因此，生产生活资料的活动就是有意识的活动，意识是伴随着人类第一个活动产生的。个人生产自己物质生活的过程中，形成了个人关于外部世界的认识，即个人意识。每一个加入到生产实践中的个人都有关于外部世界的认识，而且这个认识总是关于"周围世界与我的关系"的认识。

人们的生产生活资料的方式就是人们的活动方式，个人怎么生产，他就是什么样的人。特别是当人们固定地从事某种生产，人们的活动方式也就固定下来。他们一定的生活方式决定在这样的生活生产中必然产生这样的而不是那样的固化观念，即社会意识。社会意识是区别于个人意识的群体意识，但社会意识总是产生于个人意识之中，具体体现在个人意识之中；个人意识在本质上就是社会意识，因为个人意识以社会关系为内容。另外，个人意识是不稳定的认识，也不容易表现出来。因而，在社会生产中，比较稳定明显地表现出来的意识一般是社会意识。

个人意识是每个个人的意识，而个人又是社会中的人。每个人都必然作为某个群体的成员处于某种社会关系之中。人与人之间因为交往会形成某种社会关系（主要是利益关系），并且在交往过程中形成对这种利益关系的认识。这样在人与人的交往中在成员之间就会不自觉地形成关于成员间利益关系的认识，即群体认识。群体认识是同个人意识相区别的社会意识。群体认识是就认识的性质而言的，它是群体成员的共同认识，而不是某个个人的意识。当然群体范围不同，认识的内容也就不同，但群体认识不是就内容而言的。最早出现的社会单位是家庭，因而最早的社会关系就表现为家庭关系。群体认识最初也是产生于家庭中的。由于家庭关系最初只是基于性别分工而实现的联合，它与现在的家庭观念不同。最初的家庭只是发挥繁殖人口的作用，没有尊卑长幼的家庭伦理观，也没有建立婚姻的契约关系。后来随生产发展，以血缘关系为纽带的家庭出现，产生于家庭关系中的群体认识也获得进一步发展。逐渐产生了婚姻、血缘、亲情等家庭伦理观。这些观念是同一时期处于家庭关系中的各个成员对家庭关系的共同理解，构成这一时期人们的家庭观念。这种产生于家庭成员间的意识构成人类社会第一个群体意识。

随着人口的增长以及需要的增加，人与人之间的交往突破家庭交往扩展到家庭与家庭之间的交往。家庭与家庭之间联合为更大的组织形式——部落。家庭成员同时也是部落成员，部落成员的关系代替家庭关系，成为主要的社会关系。部落成员之间的交往（分工协作以及相互交换产品）取代家庭成员间的分工，因而成员间的认识范围就扩展到部落成员之间。个人意识也就表现为一种部落意识。这种部落意识是新的群体意识。个人的认识也就突破家庭范围在部落中间形成。就像家庭意识是家庭成员间的共同意识，部落意识也是部落成员间的共同意识。从个人意识到家庭意识再到部落意识，表现社会意识的纵向发展路径。在这一过程中，意识的性质取决于社会关系的性质，由交往所达到的范围决定。

不论是家庭意识还是部落意识作为群体意识都表现为原始社会的社会意识。这种社会意识都是建立在原始社会粗陋的生产方式上，因而这种社会意识仅仅是对外界可感知事物的狭隘认识。这种社会意识是人对自然界的纯粹的畜群意识，在形式上主要表现为自然宗教。所以在原始的社会经常看到人们实行各种图腾崇拜，把各种动物作为部落权力的象征加以膜拜。这时的社会意识也没能构建起系统化、理论化的观念形态，因而社会意识仅仅表现为分散存在的社会心理，而没有形成独立的意识形态。分散存在的社会心理发展为独立的意识形态的过程与纯粹的动物意识向相对独立的意识形式转化的过程是一致的。

当意识不用想象某种现实的东西就能现实地想象某种东西时，意识就获得独立性的形式。社会心理同意识形式相比就在于社会心理没有独立的形式。每个人都有社会心理，但不是每个人都有系统的意识形式。每个人在现实的社会关系中，都会形成关于社会以及社会关系的某种认识，个人生长环境不同决定对这种认识不会是统一的。当有一些脑力劳动者从体力劳动者中分离出来专门从事理论构造，他们有时间也有精力能专心从事理论专研。最后这些人构造出系统的理论、思想以及学说体系，这些独立的意识形式按照有无阶级性，一部分被确立为非上层建筑的意识形式，一部分表现为上层建筑的意识形式，即意识形态。此时，社会意识取得新的形式，表现为意识形态。意识形态在本质上还是社会意识，也还是一种群体意识，这个群体是不同于家庭、部落的群体，是表现为国家这样的群体。

第三，意识形态表现为国家的群体意识。国家取代部落的统治，意识形态也就确立下来。意识形态作为一种社会意识，取得国家观念的形式。意识形态是从家庭意识和部落意识发展而来的群体意识，在国家出现后，群体意识就取得了意识形态的新形势。意识形态的形成从现实的生产过程来讲，主要是由于生产力的发展。具体说来，意识形态产生于分工和私有制的基础之上，随着阶级和国家的确立而确立下来。所以意识形态只存在于阶级社会中，是国家的意识形态。

社会意识发展意识形态不仅在于载体本身的发展，更重要的是社会发展的经济动因。分工突破原始部落的自然分工，发展为社会分工，伴随而来的是对生产资料和劳动产品的不同占有，私有制产生。私有制的出现导致群体的分化，代表不同利益的阶级形成。阶级之间在利益的对峙中产生出调和利益关系的国家。国家的产生是由于"这个社会陷入了不可解决的自我矛盾，分裂为不可调和的对立面而又无力摆脱这些对立面。而为了使这些对立面，这些经济利益互相冲突的阶级，不致在无谓的斗争中把自己和社会消灭，就需要有一种表面上凌驾于社会之上的力量，这种力量应当缓和冲突，把冲突保持在'秩序'的范围以内；这种从社会中产生但又自居于社会之上并且日益同社会相异化的力量，就是国家①"。国家作为全体社会成员的代表出现，取代部落成为最大的社会组织形式。

国家是阶级矛盾不可调和的产物，表面上是维护共同的利益以避免冲突，实质上是国家总是统治阶级利益的代表。国家是统治阶级为维护其根本利益建立起来的政权机构。这个机构一方面是统治阶级实现经济统治的工具；另一方面承担维护社会秩序的政治职能，国家的这种社会管理的职能是服务于经济统治的。不论是实现经济统治，还是实现政治统治都必须以实现国家权力保证实施。军队、警察、监狱、法庭等暴力机关是确立国家权威实现统治的常设机关，此外国家还借助于思想统治，确保其在思想领域的统治地位。国家在思想领域的统治方式就是把反映统治阶级利益的社会意识确立为全体社会成员共同的意识形式，即意识形态。这样国家就可以通过控制意识形态进而控制个人的思想并实现统治。

意识形态本质上就是一种社会意识，而且是最大的群体即国家的群体意识。意识形式发生了变化，意识形态的确立一方面表现为部落意识发展为国家意识，另一方面表现为个人意识向统治阶级意识的转化，即个人意识要服从统治阶级的意识。个人意识服从于国

---

① 《马克思恩格斯选集》第 4 卷，人民出版社 1995 年版，第 170 页。

家意识，个人利益服从于国家利益。在人类社会长期发展过程中这种对集体、国家的服从、奉献逐渐成为凝结在人性中的本质因素，作为表征人的因素固定下来，成为人类文明的一部分。另外，意识的内容也出现重大转变。最初以人与自然关系为主要认识内容，现在人与人之间的关系成为主要的内容，并且也开始思考人与自我意识的关系。意识形态的出现也标志着自然界外在力量的统治转变为人自身的统治，而且这种统治力量日益增强。从这时候起，人类开始从野蛮向文明过渡，人类社会进入文明时代。每个时代的意识形态包含有不同的内容，这些都构成人类文明发展史，是重要的文明成果。同时，每一时代的意识形态都是占统治地位的社会意识，是统治阶级的思想。

第四，意识形态是统治阶级的统治思想，是统治阶级维护统治利益的工具。国家不过是统治阶级实现对被统治阶级统治的工具，意识形态是表现为国家的群体意识，因而意识形态也必然是统治阶级进行统治的工具。具体说来，即意识形态总是反映统治阶级的利益，是由统治阶级的思想组成的社会意识。

首先，意识形态是对物质利益关系的反映，意识形态像其他社会意识一样，是产生于物质生产过程中的思想内容。马克思主义唯物史观从现实的生产过程出发阐明各种不同的理论形式和理论产物，指出各种意识形式不过是对物质生产的反映。"因此，道德、宗教、形而上学和其他意识形态，以及与它们相适应的意识形式便不能再保留独立性的外观了"。因而也就更加明确，意识的独立性只能是相对的，在现实的物质生产面前，这种独立性就要受到物质的"纠缠"。不是意识决定生活而是生活决定意识。人类历史的四个活动，生产物质生活本身、生产工具、繁殖以及生产人与人之间的关系都是社会存在的基本内容，社会意识产生于这一系列的生产过程中。

意识形态同样也是在物质生产实践的过程中产生，其特殊性只是在于意识形态是系统化的统治阶级意识。即当物质生产发展为私有制的生产，物质利益明显地分化为不同的所有者所有。这时利益所有者同时也作为思想生产者，生产着代表本阶级利益的思想意识。

其次，意识形态能够实现对人们的统治不仅在于国家的强制力量，意识形态作为一种社会意识所特有的教化力量是实现统治的一个重要原因。首先意识形态是一种社会意识，形成于人们相互交往的过程，是关于人与人之间关系的认识。个人从出生后就是处于社会关系中的人，个人的成长过程就是从自然人向社会人的转变过程。在这个过程中，每个人首先会受到积累起来的人类文明成果的熏陶，在潜移默化中接受这种普遍的意识形式。其次，统治阶级把本阶级的思想转化为各种形式，一方面大力鼓吹、宣传统治阶级的思想，另一方面把这些统治思想内化为社会生活中的各种文化形式。而个人在社会生活中的成长过程就接受这种思想，并在实际生活过程中作为个人实际行动的行为准则加以遵守。特别是个人学习交流的过程中就不自觉地接受了统治阶级的意识形态。因此人向社会人成长的过程是个人对意识形态的认同过程，也是意识形态内化为个人意识的过程。

特别是在阶级社会里，个人在长期生活过程中所形成的意识不可避免的带有意识形态的内容。个人通常认为是独立的见解总是一开始就受到阶级意识的统治，因而带有一定的阶级色彩。在现实性上，个人意识总要受到社会意识的统摄，在阶级社会个人意识要受到国家意识形态的统治。意识形态的内容也是一种文化成果，意识形态在阶级社会里以文化的形式出现，文化的传播过程也就使意识形态在社会成员间确立下来。意识形态对个人思想的统治表现在社会生活的方方面面，只要有阶级、国家存在，个人就要受到意识形态的统治，这一点是不以个人意志为转移的。

意识形态反映的是社会占统治地位的经济利益关系，建立在社会的经济基础之上的观念上层建筑。意识形态服务于自己的经济基础，因而也就维护统治阶级的利益。意识形态在本质上讲是社会的统治思想。意识形态是统治阶级的思想，统治阶级的思想在每一个时代都是占统治地位的思想。因而一个阶级使社会上占统治地位的物质力量，也是社会上占统治地位的精神力量。

第一，统治阶级的思想是社会占统治地位的思想。统治阶级的思想必定是社会上占统治地位的思想，因为统治阶级的物质利益关系是占统治地位的物质力量。正如意识形态是服务于它的经济基础的，占统治地位的思想也不过是占统治地位的物质关系在观念上的表现。以思想的形式表现占统治地位的物质关系，根本目的在于通过思想统治巩固这种物质关系。占统治地位的物质关系与占统治地位的思想关系必然表现为一致性。占统治地位的经济利益关系必然要反映在统治阶级的思想中，这是由现实的物质生产的基础地位决定的。物质生产活动是人类历史的第一个活动，物质利益关系又是人类最根本的社会关系。而且，人们的物质生产过程总是伴随着意识的参加。这种现实的物质利益关系一方面决定它必然反映在利益所有者的意识中，另一方面反映的内容一定是关于现实的物质利益关系。因此占统治地位的思想必定是统治阶级的思想。

在私有制社会里，统治阶级的生产方式是社会中占统治地位的生产，因而统治阶级的利益主导其他阶级的利益。统治阶级为维护这种既得利益，就会自觉地调节该时代的思想的生产和分配，就会控制该时代的思想观念。使该时代的思想观念反映统治阶级的利益关系，为统治阶级的政策主张进行辩护。在私有制社会，为了巩固私有制在生产中的地位，各种有关私有制的思想观念在思想领域确立起来。特别是在资产阶级国家法律中，把私人财产神圣不可侵犯确立为个人的基本的人身权利予以保障。历史上各个阶级社会都不乏有这样的现象。奴隶社会、封建社会以及资产阶级社会分别是奴隶主阶级、地主阶级和资产阶级占统治地位的阶级。在奴隶社会确立的观念是奴隶只是劳动的工具，奴隶并不像奴隶主那样拥有作为人的权利。在奴隶社会奴隶自由买卖，奴隶像货物一样属于奴隶主。在封建社会，地主阶级对农民的统治是社会的主要统治力量，在这里存在着天生的等级观念。人们被按照财产（土地）的多寡分属于不同的等级，处于较低等级的成员服从较高等级的统治。在封建社会确立的是这种人身依附观念。当王权、贵族和资产阶级势均力敌，阶级之间的斗争不是形成某个统治阶级而是实现不同阶级的联合统治的时候，关于分权的学说就产生了。在资产阶级产生初期，其力量不足以消灭封建贵族阶级，于是就同遗留的王权、贵族联合统治。统治权力也一分为三，立法权、司法权以及行政权由不同的阶级掌握。为了证明这种统治的合理性，为这种统治结构进行辩护，随之产生的就是有关分权的学说。分权被宣布为永恒的规律。

统治阶级作为一个阶级进行统治，决定着某一历史时代的整体面貌。他们必然会在能力所及的范围内使阶级统治扩展到人类社会的每一领域。这是由它的经济统治地位所决定的，也是巩固经济利益的必然选择。在阶级社会里，国家是实现这种统治的工具。国家是统治阶级为维护阶级利益实现其阶级统治的工具，统治阶级依靠国家的统治权威不仅实行经济统治、政治统治，也确保统治阶级在思想上处于统治地位。一个阶级是社会上占统治地位的物质力量，也是社会上占统治地位的精神力量。该时代道德、法律、宗教是统治阶级实行统治的思想武器，反映了统治阶级的物质利益关系，是为维护统治阶级利益而服务的。

第二，统治阶级的思想是阶级意识的集中体现，产生于统治阶级内部。统治阶级思想的生产主要是由统治阶级的成员完成的。首先在于统治阶级的成员由于最直接的利益关系所以最先形成有关这种利益关系的思想观念，并且把这些思想观念固定下来。统治阶级进行物质生产资料的同时，也就进行着精神生产。统治阶级占有社会的生产资料，统治阶级的成员一般不直接进行劳动生产，而是占有劳动者的劳动成果。因而统治阶级的成员就有时间有精力从事精神生产，专门构造各种纯粹的理论体系。而劳动者因为整日都从事繁重的体力劳动，他们没有时间也没有精力从事精神生产。因为他们处于统治阶级的奴役下，没有接受正规教育的机会，也就失去了成为学者的机会。因此，那些没有精神生产资料的人的思想，一般地是隶属于这个阶级的。其次，构成统治阶级的各个人是都具有意识，他们也是会思维的个人。他们作为社会的统治阶级出于维护自身统治的需要，必然会进行思想生产。这样的思想生产必定是反映本阶级的利益，为本阶级的统治服务的。

在物质劳动和精神劳动分离后，从统治阶级成员中分离出一部分人专门从事理论构造。这一部分人是统治阶级的思想家，他们是这一阶级有学识的意识形态家，负责编造关于这一阶级利益的幻想，以便把其阶级利益说成是各阶级的共同利益，并以理论的形式灌输到社会一切阶级中。当然历史上的思想家、理论家并不都是统治阶级的成员，他们的理论构造在主观上尽管不是为着统治阶级辩护的，但在客观上由于受到生产方式的限制，还不能对人类社会发展达到正确的认识，因而仍然是统治阶级思想的代表。而那些处于统治阶级之外也不反映统治阶级利益的偶然的思想、理论也就不可能成为占统治地位的思想。相反，这些思想、观念一定会受到统治阶级的打压，确保占统治地位的是统治阶级的思想。所以进行理论、思想生产的人可能是统治阶级内部的成员，也可能是一些专门从事理论工作的思想家。不论是由谁进行思想生产，最终占统治地位的思想一定是统治阶级的思想。

就统治阶级内部的成员来说，在成员中的一部分人是该阶级的思想家。反映该阶级利益的思想主要地是由他们生产，这一部分人是阶级中间有学识的成员，他们把负责编造这一阶级关于自身的幻想当作主要的谋生之道。他们就是阶级成员中专门从事理论工作的这样一些人。而统治阶级内部的另一些人并不参与思想、理论的构造，他们是这个阶级中的积极的"生产者"，他们热衷于对实际的物质利益的追求，因而他们很少有时间编造这些关于自身的幻想。这些人对于生产思想采取比较消极的态度，并且他们准备接受这些思想和幻想。在统治阶级内部，由于这种思想生产的分裂以及引起他们在利益分配上的矛盾，这种分裂立刻使统治阶级内部成员分裂为对立和敌视的两部分。因此在阶级社会里，既存在统治阶级与被统治阶级的对立，同时在统治阶级内部也存在对立、冲突。阶级内部的对立服从于阶级之间的对立。当统治阶级本身受到威胁时，统治阶级的利益受损，统治阶级进行统治的权力面临颠覆，统治阶级的思想遭到其他阶级思想的批判而面临被颠覆的危险时，阶级内部的对立就立刻自行消失。原先还存在利益冲突的成员立刻联合起来维护本阶级的统治，以维护本阶级的共同利益。

第三，统治阶级的思想取得普遍性的形式，是虚幻的共同体思想。在阶级社会，占统治地位的思想以普遍性的形式表现为全体成员的共同思想。在其现实性上，占统治地位的思想就是统治阶级的思想，仅仅反映的是统治阶级内部成员的利益。随着社会发展，统治阶级的思想越来越具有普遍性的形式，因为每一个力图取得统治地位的阶级都把本阶级的利益说成是全体社会成员的共同利益。

　　就像国家是虚幻的共同体，国家的统治思想也采取的是一种虚幻的形式。国家是虚幻的共同体，表面上是作为全体利益的代表，实质上只是代表统治阶级的利益。占统治地位的思想总是反映占统治地位的利益关系，就像国家表现为虚幻的形式，占统治地位的思想作为国家的思想就采取虚幻的形式。"虚幻"，不是说现实中不存在，而是指与现实相背离。任何想要实现统治的阶级都要把本阶级的利益说成是共同的利益。相应地，该阶级就要赋予自己的思想以普遍性的形式，把他们的阶级思想描绘成唯一合乎理性的、具有普遍意义的思想。所以，我们就会发现有这样的现象：占统治地位的思想将是越来越抽象的思想，即越来越具有普遍性的形式。因为占统治地位的思想必须要体现为涵盖全体成员利益的普遍性形式。占统治地位的思想只有以抽象的形式才能在现实的利益关系面前维持虚假的本质，而普遍的东西一般说来是一种虚幻的共同体形式。在阶级社会里，占统治地位的思想总是获得普遍性的形式，这样做是为了掩盖其虚假的本质。占统治地位的思想是统治阶级的思想，它不是共同利益的真实反映。相反，仅仅是统治阶级利益的反映。

　　统治阶级的思想之所以能够取得普遍性的形式，是把统治阶级的思想和统治阶级的利益分割开来的结果。离开这些思想实际产生的物质条件，使这些思想采取普遍性的形式。阶级社会中，统治阶级就是这样使本阶级的思想转化为合乎理性的而又具有普遍意义的思想。统治阶级从阶级思想中提炼出几个词语，把这些抽象的词语当作每一时代占统治地位的思想。原先真实的统治思想被掩盖了，剩下的只有虚幻的意识形式。就像一些意识形态家提出在贵族统治时期占统治地位的思想是荣誉、忠诚这样的概念，在资产阶级统治时期占统治地位的是自由、平等这样的一些概念。这些概念只是对该时代占统治思想的一种离开现实的抽象。荣誉、忠诚在贵族统治时期是贵族对农奴的要求，根本上是要求农奴安于土地生产，确保贵族对农奴的统治。至于自由、平等的观念，更是实现资本主义生产方式所必备的条件。资本主义经济是以商品经济为主要内容，商品生产和商品交换都需要在一个自由、平等的环境中进行。统治阶级仅仅把这些零星的概念从具体的生产中抽象出来，离开生产这些思想的具体的生产条件，以抽象的概念表现统治阶级的思想。

第四，革命阶级的革命意识最初也是普遍性的形式出现。在每一时代里，革命意识最初产生时是以全体利益的代表出现的。

首先，革命思想的产生是以革命阶级的存在为前提的。革命思想产生于革命阶级中，革命思想反映的是革命阶级的利益。在历史上的一切阶级社会，都存在着残酷的剥削压迫，统治阶级剥削压迫被统治阶级，被压迫阶级承担社会的一切重负，却不能享受社会的福利，生活日益困苦。当这种剥削变得不堪忍受时，被压迫阶级就会成长为革命阶级同统治阶级相抗衡。英国的宪章运动、法国西里西亚的织布工人起义以及发生在美国芝加哥的争取八小时工作制的工人运动等等都是工人为争取自身权益同统治阶级进行的斗争。这样的工人起义在西方资本主义社会有很多。在被压迫阶级成长为革命阶级的过程中，革命阶级的利益要求不断地反映在革命斗争中，并通过革命斗争来实现。在这个过程中，反映革命阶级利益的革命意识同时产生于斗争过程中。即某一个被压迫阶级成长为革命阶级的过程中伴随着争取相关利益的斗争，特别是阶级成员的一些共同的利益需求会在阶级成员的意识中得到反映，这个意识普遍地存在于革命阶级中间。

历史上工人争取各种权益的斗争都伴随有革命意识的产生，革命意识归根到底是反映革命阶级利益的意识形式。历史上被压迫阶级的斗争最开始斗争的目标都是改善生活状况，只是在斗争的过程中才产生了争取政治权益的要求。随着斗争的深入进行，革命阶级的联合更加紧密，阶级成员的共同的利益诉求也就更加明显地反映在成员的意识中。最终，反映革命阶级利益要求的革命意识最终确立，革命阶级斗争的目标也不再仅限于经济目标，他们要求夺取政权，建立本阶级的统治。

无产阶级为争取自身权益同资产阶级进行激烈的斗争，革命的思想即共产主义的思想在斗争的过程中产生。无产阶级的意识产生的前提是无产阶级的产生。大工业生产促进生产力发展的同时，在社会上还造成这样一个阶级，这个阶级必须承担社会的一切重负，而不能享受社会的福利，他们被排斥在社会之外，因而不得不同其他阶级发生最激烈的对立。这个阶级逐渐形成全体社会成员的大多数，从这个阶级中产生必须彻底革命的意识，推翻资产阶级的统治，建立无产阶级的统治。在斗争过程中无产阶级逐渐意识到只有进行暴力革命推翻资产阶级的统治，才能真正实现无产阶级的利益。马克思主义理论同工人阶级的斗争分不开。19世纪三四十年代，工人阶级在同资产阶级的斗争中接连失败，为指导工人阶级斗争，马克思主义应运而生。马克思主义理论反映无产阶级的利益要求，是指导工人阶级斗争的科学理论。

其次，进行革命的阶级，因为它是以反对统治阶级的统治而出现，它是与统治阶级相对抗的阶级。从这一点来说，革命阶级从一开始就不是作为一个阶级，而是作为全社会的代表而出现的。革命阶级因为是要反对统治阶级的统治，所以它一开始采取的是普遍的共同体形式。从这个意义上说，革命阶级一开始是代表除统治阶级以外的一切阶级即以社会全体群众的姿态反对唯一的统治阶级。

革命阶级在一开始之所以能以全体社会成员的代表出现，这是因为，革命阶级的利益在开始时的确是同其余一切非统治阶级的共同利益大体是一致的。因为革命阶级和其他一切非统治阶级都是反对统治阶级统治的。由于统治阶级利益和他们的利益是相抗衡的，所以就这一点来说他们之间就存在着共同利益。因而革命阶级也就能代表其他社会成员。具体考察看来即当现存统治阶级阻碍了社会发展，引起被统治阶级的反抗时，被统治阶级成长为革命阶级，目标是要取缔旧的社会制度。而旧的社会制度对于除统治阶级以外的所有社会成员来说都是束缚个人发展的障碍。因此他们对于推翻旧的统治秩序有共同的诉求，因而革命阶级能够作为全体社会成员的代表出现。革命阶级的胜利对于其他未能争得统治地位的阶级的许多个人来说都是有益的。

这种有益也只是就一部分人而言的。只有对于升入统治阶级的这些个人而言，统治阶级的胜利才是有意义的。而对于那些在新社会中仍然处于被统治地位的个人而言，只不过是重新获得枷锁而已。因为革命阶级在取得统治地位后，原先能表现出来的全体社会成员的共同利益随着阶级的特殊利益的凸显逐渐趋于消失。革命阶级推翻统治阶级的统治，建立起本阶级的统治。革命阶级的特殊利益就开始显露出来，并像以往的一切统治阶级那样，开始实现本阶级的特殊利益。而革命阶级最开始所表现出来的全体社会成员的代表也消失了，它的阶级利益开始和其他社会成员的利益相对立。从以上的这种虚假的利益中我们可以推出，如果出现这样一个阶级，这个阶级的利益同全体社会成员的普遍利益相一致，而没有必要把特殊利益说成是普遍利益，或者说没有必要把本阶级的思想说成是普遍的东西以实现思想上的统治。这个阶级就能代表全体社会成员，这个阶级所建立的统治不再是像历史上所有的革命阶级取代统治阶级实现对被统治阶级的统治。这个阶级就是人类历史的最后的阶级，或者他们已经不算做一个阶级。因为在该阶级的统治下，没有剥削和压迫，没有共同利益和特殊利益的分离。这个阶级只能是无产阶级，实现这个统治的只能是无产阶级。

革命阶级推翻统治阶级的斗争，一方面使新阶级实现自己统治的基础总比它以前的统治阶级所依赖的基础更为宽广一些，另一方面也使非统治阶级革命和正在进行统治的阶级之间的对立也发展得更尖锐和更深刻。因为非统治阶级每一次推翻统治阶级都把人类社会向前推进了一步，每一个革命阶级的革命斗争同过去的革命斗争相比联合了更多的革命者，因此每一个新的统治阶级都要比以前的统治阶级所依赖的基础更为广泛。同样，每一个新的统治阶级确立统治地位的同时也把更多的人推向了它的对立面。因为生产的发展，使财富越来越集中与少数人手里，把大部分人都变成了革命的无产者。而每次在革命斗争中夺取政权的都是这些少数的利益所有者，而大部分人在新的统治秩序中重新回到被剥削、被压迫的困境中。所以革命斗争发展的最终结果一方面使被统治阶级的联合更加紧密，日益联合为一个共同体，另一方面使统治阶级与被统治阶级的矛盾不断激化，日益走向对立。这两种情况使得非统治阶级反对统治阶级的斗争在否定旧的社会制度方面，又要比过去一切争得统治的阶级所做的斗争更加坚决、更加彻底。所以每一个新阶级实现自己统治的基础，总比以前的统治阶级所依赖的基础更宽广一些，革命性更强，革命更彻底。

上述两种情况发展的必然结果就是产生最革命的阶级同统治阶级对立起来，并且以最彻底的革命推翻统治阶级的统治。这个阶级只能是无产阶级。工人阶级反对资产阶级的斗争所依赖的阶级基础比以往任何阶级斗争的基础更为广泛，革命性最强，革命也最彻底。大工业生产把许多人变成了革命的无产者，并且这种生产方式把工业无产者联合起来。另一方面，无产阶级的状况越来越贫困，这个阶级受到无尽的折磨和苦难，革命的愿望最强烈的，革命性最强，推翻资产阶级的统治只能由这个阶级去完成。无产阶级通过革命斗争建立起的统治与先前的革命阶级建立的统治阶级不一样。无产阶级的统治没有特殊的阶级利益，无产阶级的利益和全体社会成员的共同利益是一致的。无产阶级的统治建立的是自由人的联合体，消灭了一切剥削和压迫，因此无产阶级的统治没有产生新的对立面。无产阶级反对资产阶级的斗争不同于以往的一切阶级斗争，它不是用一种私有制代替另一种私有制，它是要消灭私有制。无产阶级没有自己的特殊利益，他们的利益同全人类的利益是统一的。无产阶级的指导思想——马克思主义理论是关于无产阶级和全人类解放的科学。无产阶级只有解放全人类，才能最后解放自己。

第五，历史上统治阶级的思想能取得普遍性的形式的原因在于取得统治地位的统治阶级经常把统治阶级的思想和统治阶级本身分割开来，使用这样的方式使本阶级的统治思想取得普遍性的形式。一个阶级在反对统治阶级的斗争中或成为统治阶级后实现本阶级统治时，都要把其统治思想同它本身分割开来，同他们的阶级利益分割开来。这样统治阶级就能把本阶级的利益说成是普遍利益，并使代表统治阶级利益的思想取得普遍性，为其他一切阶级所接受。

唯物史观和唯心史观的根本区别就在于，唯物史观从现实的物质利益关系出发，把占统治地位的思想看作是统治阶级的思想，并且认识到这种思想是在一定物质生产中产生的。而唯心主义者“把占统治地位的思想同进行统治的个人分割开来，主要是同生产方式的一定阶段所产生的各种关系分割开来，并由此作出结论说，历史上始终是思想占统治地位。”[①] 唯心主义者这样做就能从思想中抽象

---

① 《马克思恩格斯选集》第 1 卷，人民出版社 1995 年版，第 101 页。

出"观念"作为历史上占统治地位的思想，并且由于他们忽视现实的物质生产，因而就把这些抽象出来的观念看作是在历史上占统治地位的东西，即看作人类社会发展的推动力。唯心主义者把这些个别的思想和概念说成是历史上发展着的概念的"自我规定"，在唯心主义者那里，历史也就是成了思想和观念的自我发展。从人的观念、想象中的人、人的本质、人中引申出人们的一切关系，也就很自然了。所以，唯心主义者把概念看作是最高规定，就把人与人之间现实的物质利益关系看作是从概念中发展出来的关系。因而也就把人类历史的发展看成是概念的前进运动。从这一前提出发，唯心主义者就得出结论：哲学家、思维着的人本身自古以来就是在历史上占统治地位的。

由于唯心主义者把意识的发展看作是最高规定，才会出现把思维着的哲学家看作是人类历史的推动者，这种认识是极端的英雄史观。唯心主义者过分放大意识在人类历史发展中的地位和作用，并且只看到意识的能动作用，看不到意识背后的物质动因。哲学家的思想理论也只是对现实世界抽象的结果，是在现实的物质生产过程中对历史发展规律的探索。人类历史的推动力是广大人民群众的实践活动，某些历史人物因个人的才能对历史发展可能起到推动作用，但这只是历史发展过程中的偶然性的因素。而哲学家们正确地反映历史发展规律的理论能够指导人类在改造客观世界的过程中有好的成效，归根到底，人民群众的生产是人类历史的推动力。

唯心主义者把精神确立为历史的最高统治，最终可以归结为三种手段。

第一，仍然是把进行统治的个人思想同这些个人本身分割开来，从而承认思想和幻想在历史上的统治地位。对这种认识予以纠正必须从从事现实的活动的现实的人出发。历史存在的人总是现实的人，是可以用经验感知的现实的人。进行统治的个人是在经验的条件下和作为物质的个人进行统治的个人。如果唯心主义者能够看到进行统治的个人是处于物质关系中的物质性的个人，也就不会把进行统治的个人思想与统治的个人本身分割开来，也就不会把思想看作是统治的力量，而是能够看到现实的物质条件对思想的决定作用。

第二，唯心主义者把观念、思想看作是最高统治，那就必须使这种思想统治具有某种秩序。即前期历史的统治思想和后期历史的统治思想之间必须体现某种发展的特征。因为历史的继承性是人们用思维可以感知到的，任何不体现历史发展过程的思想就会不攻自破。唯心主义者也认识到不同时代之间的联系，并且也在进行统治的观念之间建立起某种联系。唯心主义者通过把占统治地位的思想看作"概念的自我规定"，在每一个时代占统治地位的思想之间建立起某种神秘的联系。这样就建立起精神、观念的统治地位。所谓"概念的自我规定"体现的就是概念的自我发展运动。以黑格尔为代表的唯心主义者，以及后来发展黑格尔哲学的青年黑格尔派都主张绝对精神的自我发展。在他们看来由于绝对精神内化于事物中，从而引起事物的辩证运动。从这一点来说，黑格尔把辩证法发展推到一个顶点，充分地认识到了人类社会的辩证发展过程。只是黑格尔颠倒了运动发展的主体，把现实的物质运动替换成了精神、概念的辩证运动。

唯心主义者确立了"概念的自我规定"，就建立了统治思想之间的某种秩序，阐明人类历史的发展最终是由于绝对精神的辩证发展，因而他们就能够把每个时代的统治思想看作是人类历史的统治力量。唯心主义者看到思想之间的联系，这是非常正确的。关键在于他们没有把握到这种联系背后真正的原因。唯心主义者们只是从经验上感受到这些思想之间的联系，而不明白思想之间的联系是由于物质生产过程的连续性。人类社会的物质生产是连续不断进行的，人类历史的四个活动也都是贯穿人类历史始终的物质性活动。历史活动的连续性决定产生于不同时期的思想也具有某种连续性。所以唯心主义者能认识到统治思想之间的某种联系。此外，唯心主义者能看到思想的辩证发展还在于人类社会仅仅被当作思想来看待，一切现实世界的变化也就仅仅被当作是由思维产生的差别。而现实世界联系不断地变化因而也就表现为思想、观念的变化、发展。唯心主义者建构起思想的连续性以证明精神是历史上的最高统治，在现实面前也终将坍塌。

第三，唯心主义者把思想说成是某种人物的思想来消除"自我规定着的概念"的神秘外观。唯心主义者在本质上就是把思想看作是最高统治力量，最高统治力量在这里就变成神秘的力量。因为唯心主义者没有说明这种力量（思想）来自什么地方，从哪里发展而来，所以唯心主义者提出的统治世界的精神也就变成了神秘的、虚幻的东西。为消除加诸在思想上的神秘外观，唯心主义者进一步提出这些思想是现实的人的思想。唯心主义者先是把"自我规定着的概念"看成是某种人物（上帝）的自我意识，把统治人类的力量看作是某种人物（上帝）。这样原来统治人类历史的力量由思想变为人物。后来，随着人们对宗教认识的发展，上帝对人类的统治在意识领域遭到诸多挑战。这些哲学家们为了表明自己是真正的唯物主义者，他们进一步把统治历史的力量变成产生这些思想的许多人物。这样唯心主义者就从最初的精神统治变为现在的人的统治。不论是把思想看作是历史的最高统治还是把人看作是现实的统治，在本质上都没有摆脱唯心主义的实质。

这些德国的思想家们把人类历史的动力看作是生产思想的"哲学家""意识形态家"以及"思维着的人"。因为这些人生产了一些思想观念，生产了一些精神力量，就把他们看作是历史的制造者、"监护人会议"、统治者。这样还是没有离开意识的范畴看问题，仍然是把人类历史的发展看作是精神发展史。因为把某种人物或者许多人物看作历史发展的动力是狭隘的英雄史观，在本质上还是唯心主义的历史观。这种认识放大历史人物的作用，特别是放大历史人物的意识力量，把哲学家、思维着的人的理论看作是历史发展的决定力量。因而这种认识仍然是把思想看作是历史上的最高统治力量，看作是人类社会发展的推动力。这种认识忽视现实的物质生产的革命力量，忽视人民群众对历史发展的推动作用。

这种唯心史观在德国历史上是占统治地位的认识，就是马克思恩格斯所要批判的德国意识形态即德意志意识形态。德国意识形态发展的是黑格尔的绝对精神理念，离开现实的物质生产过程，从纯粹意识领域寻找人类社会发展的最终力量。因此也就把人类历史看作是精神发展史。马克思提出的历史唯物主义和德国的唯心主义观不同，它"不是在每个时代中寻找某种范畴，而是始终站在现实历史的基础上，不是从观念出发来解释实践，而是从物质实践出发来解释各观念形态。"① 在马克思主义唯物史观产生以前的一切历史观都没能提出彻底的历史唯物主义，总是在历史领域陷入唯心主义，这一点在德国意识形态上发展的更为彻底。德意志意识形态就是唯心主义的历史观，德国的哲学家们把历史仅仅看成是某种脱离日常生活的东西，某种处于世界之上和超乎世界之上的神秘物，把历史看作是精神发展史。

德意志意识形态是从思想观念出发解释实践的思想形式，要说明德意志意识形态存在的可能性，只能是从玄想出发理解德国的意

---

① 《马克思恩格斯选集》第 1 卷，人民出版社 1995 年版，第 92 页。

识形态。从德国意识形态与一般意识形态家（政治家、法学家）的幻想之间的联系出发才能说明德意志意识形态在德国占统治地位的原因。即德意志意识形态的这些玄想是符合法学家、政治学家的理论基础。德意志意识形态是为德国的阶级统治辩护的，因而能够在德国历史上占统治地位。从德国哲学家们实际的生活状况、他们的职业和分工出发，就很容易发现德意志意识形态是一些幻想、玄想以及曲解。实际的生活状况、职业以及分工都是现实的物质生产活动，只要是从现实的生活出发，德国哲学从天堂降到人间的唯心主义本质就会暴露出来。

历史不外是各个世代的依次交替。每一世代立足于物质资料生产，通过分工和交往实现对生产资料的占有，对产品分配，并结成一定的关系。历史的每一阶段都遇到一定的物质结果，一定的生产力总和，人对自然以及个人之间历史地形成的关系，都遇到前一代传给后一代的大量生产力、资金和环境，一方面这样的生产力、资金和环境预先规定新的一代本身的生活条件，这是他们实现新的发展的基础，我们今天相对较高的生产力水平，是几千年历史积淀的结果，另一方面这些生产力、资金和环境为新的一代所改变。

继承黑格尔哲学的德国学者们，坚持历史产生于自我意识中，最终会消融在自我意识中。他们所谈的历史也只局限于宗教产生以来的历史，人也局限于宗教人。他们相信只要不信神就能消除宗教，这种只在观念上消除宗教认识进而消除现实宗教的认识必然陷入绝境，找不到出口。根本的路径在于变革宗教产生的社会制度。

各种意识、观念是在物质生产实践的过程中产生的，仅仅通过精神批判是无法达到消灭各种错误的意识或观念的，而必须实际地推翻这些观念产生的物质基础、现实的社会关系。历史的动力以及宗教、哲学和其他理论的动力是革命，不是批判，批判的武器不能代替武器的批判。历史上被统治阶级推翻统治阶级的斗争都不仅仅是思想领域的斗争，必须推翻该阶级实现统治的物质基础，打破旧的国家机器，建立新的社会制度，而且历史上每一次阶级斗争无不伴随着流血牺牲。革命的时机也要受当时生产力与生产关系矛盾决定。一切社会形态在它全部生产力发挥出来以前是绝不会灭亡的，只有当生产关系成为生产力向前发展的阻碍，再也不能促进生产力的发展时，变革不适应生产力发展的生产关系成为当前的主要任务，那么推翻旧的社会制度，建立适应生产力发展的新制度，推翻统治阶级的革命就成为必然。

四、社会形态更替和所有制的关系

马克思恩格斯在《形态》中没有明确地指出社会形态更替的一般规律，但是从《形态》中对所有制的划分上，我们可以看到马克思对人类社会形态更替的最早认识。马克思恩格斯在《形态》中描述了原始的部落所有制、古代公社所有制和国家所有制、封建的或等级的所有制、资本主义所有制以及设想未来的所有制应当是一种全民所有制。这五种所有制反映出社会形态的依次更替，即人类社会要经历始社会、奴隶社会、封建社会、资本主义社会最终走向共产主义社会。人类社会的这种从低级到高级的运动规律同所有制的发展相一致，最终是和生产力的发展相一致。

社会形态是"关于社会运动的具体形式、发展阶段和不同质态的范畴，是同生产力发展一定阶段相适应的经济基础与上层建筑的统一体。"① 从上述定义中可以发现社会形态是以经济基础和上层建筑为内容，描述的是人类社会发展的不同质态、不同阶段。社会形态包括经济形态、政治形态、意识形态。经济形态是社会形态的基础，主要地表现一定社会发展阶段的特征。经济形态决定政治形态和意识形态，经济形态主要表现为生产关系总和，其中生产资料所有制关系在生产关系中具有决定性的意义，因而也就主要地决定着社会形态的更替。生产资料所有制的变化同时也表现为社会形态的更替。

第一种所有制是部落所有制，人们靠狩猎、捕鱼、畜牧或者耕作为生，生产力水平低下。同生产的不发达相适应，分工很不发达，就仅限于家庭中自然形成的分工的扩大。社会结构以家庭为基础形成父权制部落，也出现了奴隶。在那里，妻子和女儿是丈夫的奴隶，家庭中这种非常隐蔽的奴隶制就是最初的所有制。这时候没有发达的生产工具，劳动资料也仅限于一些石器。低下的生产力水平决定人们必须共同活动才能勉强维持生存，由此决定人们共同占有粗陋的生产资料。由此而来的对产品的平均分配以及相互之间的关系都有生产资料所有制关系决定。这一时期人们共同劳动、平均分配劳动产品，相互之间建立的是平等的关系。社会结构以家庭为主，一些社会组织还不具有政治性质，只是简单地管理社会事务。从所有制关系到社会组织都表现了这一时期社会发展所呈现出来的一些特征。这些特征是该社会发展阶段所独有的特殊性质。这些特征表明这一时期的社会处于原始社会的阶段。

第二种所有制形式是古代公社所有制和国家所有制。这一时期，部落之间通过订立契约或征战形成城市，出现公民这个阶级。这时

---

① 《马克思主义基本原理概论》，高等教育出版社 2010 年版，第 109 页

农业脱离牧业成为主要的生产活动，分工已经比较发达，城乡之间的对立产生，国家之间的对立也出现。公民和奴隶之间的阶级关系已经充分发展。奴隶制充分地发展起来，奴隶主占有生产资料并且占有奴隶。除奴隶制外，动产私有制和不动产私有制也开始发展起来。奴隶制作为最早的私有制形式，彻底改变了整个社会的具体形态。建立在私有制基础上的国家产生，奴隶主与奴隶发展为两大对立阶级。奴隶主阶级压迫、剥削奴隶，他们之间的是不平等的统治与被统治关系。从奴隶制到国家的建立是该时期社会发展的所呈现出来的不同质态，这个不同的质态标志着人类历史发展到一个新的阶段，即奴隶社会。

第三种所有制形式是封建的或等级的所有制。这种所有制在城市和农村有不同的表现。在农村以土地耕作为主形成的是贵族与农奴的对立，贵族将土地占有和武装扈从结合起来支配农奴劳动。在城市，以手工生产为主形成帮工和师傅的对立。与农村的土地所有制相对应在城市形成的是同业公会所有制。在城市建立手工业的封建组织——行会，维系帮工和师傅之间的宗法关系。这一时期的封建所有制有两种表现形式，一方面是土地所有制和束缚于土地之上的农奴劳动，另一方面是拥有少量资本并支配着帮工劳动的自身劳动。这时分工也还是很少的。在乡村有王公、贵族、僧侣和农民的划分，在城市有师傅、帮工、学徒以及后来的平民短工的划分之外，就再也没有什么大的分工了。农业中产生家庭农业，手工业内部没有实行分工，在老城市中实现工业和商业的分工，在新城市中还没实现工业和商业的分工，因为城市之间彼此的联系还未建立起来。这一时期的所有制关系以及形成的相应的等级级分工标志着人类社会从奴隶社会过渡到封建社会。

第四种所有制形式是资本主义所有制。资本主义所有制的产生是从商业和工业的进一步分离开始的。资本主义所有制的发展，经历了三个阶段：商业时期、工场手工业时期和大工业时期。随着工场手工业和商业资本的出现，才产生了现代意义的资本，建立起资本主义的生产方式，进而确立起资本主义所有制。由这种所有制决定，建立起资本主义的生产方式，打破手工业的封建行会制度以及帮工和师傅之间的宗法关系。资本家与工人之间的雇佣关系成为主要的社会关系。资本家雇佣工人做工，支付工人工资。在这一时期，人与人之间的关系表现为赤裸裸的金钱关系，相应形成各种拜金主义、享乐主义的观念。资产阶级由于要求不断的积累资本，所以打破封建的等结构，建立资产阶级民主共和制。这一时期，与发展起来的资本主义私有制相一致，人类社会进入资本主社会。

生产资料所有制的发展经过部落所有制、公社所有制和古代国家所有制、封建的或等级的所有制、资本主义所有制，人类社会发展也依次经历原始社会、奴隶社会、封建社会与资本主义社会。社会不同发展阶段表现为不同社会形态的更替，同时也是所有制形式的不同发展。因为生产资料所有制关系作为最基本的经济关系，是人们进行物质生产的前提，并且决定着生产、分配、交换和消费关系。生产资料所有制关系决定人们采取何种生方式，并决定建立什么样的社会经济结构。政治结构以及意识形态是建立在经济基础之上的，表现生产资料所有制关系。因而可以看出社会形态的基本内容都是由生产资料所有制决定。

生产资料所有制的变化一定程度上就表述为社会形态的更替，它们之间的这种关系并不违背生产力与生产关系的一般规律。相反，生产资料所有制对社会形态的决定作用恰好同生产力与生产关系的矛盾运动相一致。人类社会能够向前发展根本的力量在于生产力的发展。生产力发展推动人类社会发展的发展，并表现为社会形态的更替。生产力和生产关系是一对既对立又统一的范畴，生产力与生产关系的矛盾运动是推动人类社会发展的根本动力。因为生产力发展到一定阶段总是要求建立与之相适应的生产关系。生产资料所有制关系就是建立在生产力发展水平之上的经济关系，因而生产资料所有制对社会形态更替的决定作用源于生产力对生产关系的决定作用。经济关系以及建立在经济关系之上的政治组织和意识形态就能够共同体现社会形态的更替。所以一定社会形态总是与一定生产力发展水平相适应，体现的是一定生产力水平之上的经济关系、政治关系以及其他一切关系。

人类社会的变化、发展就表现为社会形态的更替。社会发展阶段和社会形态统一于生产资料所有制关系。马克思恩格斯在《形态》中就已经看到人类历史的阶段性特征，并且指出一定的社会阶段总是同一定的生产方式相联系。因此提出"必须要把'人类的历史'同工业和交换的历史联系起来研究和探讨。"① 这表明马克思对人类社会形态发展的形成初步认识，在《形态》中只是还没有具体地阐明人类社会发展的五种形态。

在《形态》中，马克思恩格斯通过批判德意志意识形态，阐明科学的唯物史观。马克思主义的唯物史观是从现实的前提出发，立足于现实的生产生活。在这个过程中，马克思恩格斯从现实的物质生产过程出发，立足于对现实生产关系的批判，发现人类社会发展的最终形态，共产主义社会。马克思对未来共产主义的论证不是空想，而是从对现实的批判中得出的科学结论。在批判的过程中，马克思对未来共产主义作了一般性的描述。

首先，马克思恩格斯提出唯物史观的第一个前提是"现实的

---

① 《马克思恩格斯选集》第1卷，人民出版社1995年版，第80页。

人"，并且从现实的人出发构建自己的哲学大厦。马克思首先对现实的人进行了具体的规定，指出现实的人不是自己或别人想象中的那个人，而是处于现实生产生活中的人。现实的人是可以通过经验观察到的、在一定条件下进行的发展过程中的人，而不是处在某种虚幻的离群索居的或固定状态中不变的人。现实的人是从事一定活动的，进行物质生产的人。这样，从现实的人出发也就确立起物质生产的基础地位。现实的人规定了物质生产活动的必然性，另一方面物质生产活动也规定人是现实的人，而不是虚幻的人。把人与物质生产活动联系起来，马克思就发现了历史发展的一般规律。

个人活动还生成家庭、国家和共同体。个人不仅是物质生产活动的主体，建立起人类社会的经济基础，个人还建立起一切社会组织和各种政治性机构。人类社会最直接表现为各种各样有形的上层建筑也都是个人的现实活动的结果。家庭是社会最基本的单位，人类最早产生时就形成的是家庭。家庭是成员间基于血缘关系的结合，每个人都是某个家庭的成员。家庭是成员共同组成的生产单位，也是个人最基本的生活单位，构成社会最基本的单位组织。到了阶级社会，个人总是隶属于一定的阶级，是某一阶级的成员。国家归根到底也是个人的活动建立起来的。从社会成员中分离出一部分人凌驾于其他人之上。这些人作为社会的统治阶级统治另一部分人，掌握管理社会的权力，行使管理社会的职能。在未来要实现共产主义仍然需要众多个人联合起来，把分散的力量聚合成统一的力量。

分工、交往以及由此形成的生产资料所有制也都是个人在生产的基础上建立的相互关系。分工是生产的组织形式，可是这种分工最终要体现为劳动者的生产分工，没有离开现实个人单独存在的分工活动。所有制关系反映的是个人对生产资料的占有状况，根本上反映的是人与人之间的物质利益关系。交往只能是人的交往，而且人类社会奋斗的最终目标是实现作为个人的个人交往。

不管是现实存在的各种社会现象还是历史上存在的各种现象都不能离开现实的人单独存在，这些现象都是个人的创造活动。人们不仅能认识世界而且还能改造世界，正是由于人能够发挥主观能动性，才使物质世界发生这样或那样的变化。在这个基础上，马克思发现人民群众是人类社会进步的巨大推动力，并由此提出人民群众是历史的创造者。人民群众是物质财富的创造者，也是精神财富的创造者。人民群众对历史的推动作用不仅体现在人民群众是物质生产实践的主体，人民群众还是社会变革的决定力量。新的社会形态取代旧的社会形态是适应生产力与生产关系的矛盾运动，但这种更替不会自己实现。当生产关系不再适应生产力的发展要求，生产力进一步发展要求变革旧的生产关系时，就会产生出推翻旧的社会制度的革命力量，这样的革命力量只能是占人口大多数的人民群众。马克思坚持的唯物史观也就自然能够驳倒唯心主义者坚持的英雄史观。时势造英雄，每一个历史时代出现的英雄都是顺应时代发展潮流产生的。他们有时也会对历史发展产生重大影响，但这终究是人类社会发展过程中的偶然现象。在任何时代，推动历史发展的动力只能是人民群众。

人类历史的第一个前提就是有生命的个人的存在。个人总是在生产自己生活，每个人这样的活动过程就构成了历史发展过程。历史是各个世代的依次更替，归根到底是人类的延续。从现实的人出发，一方面马克思能说明人类社会发展的历史继承性，把历史发展过程确立为动态的发展过程。另一方面也从唯物论的角度，把历史发展确立为现实的物质过程，与唯心主义者划清了界限。历史进程中的人是现实存在的人，与人相关的各种历史现象就不是虚幻的想象存在，而是现实的发展过程。

其次，马克思恩格斯对人类历史的理解建立在现实的实践活动之上。马克思恩格斯对人类社会的研究不仅立足于现实的人，而且看到了生产实践在人类社会中的基础地位。在现实的人与物质生产之间也是相互规定、紧密联系的，个人以及物质生产的现实性是统一的，也是人类历史的首要前提。从人类产生开始就一直存在着生产生活资料的活动，而且这种活动是人类存在最基本的活动，并且规定着人类的存在。除了基本的生产实践活动，生产生产工具、人口繁殖以及社会关系的生成都是与人直接相关的活动。这些活动是每一时代的人们都要进行的活动，这些活动构成人类历史的基本活动，其中物质资料的生产活动起决定性的作用，决定人类历史的发展方向。生产工具是物质生产的必要准备，生产工具在人类历史发展进程中代表着人类社会所达到的生产力水平，在这个过程中，生产工具不断革新与人类历史的发展是一致的。人口繁殖使人类社会得以延续，一方面提供生产发展所需的劳动力，另一方面如果没有人口的繁殖，也就不会形成历史发展过程。因为存在于历史过程中的个人是现实的人，由于现实的人的繁殖构成的历史发展过程就不是意识的发展过程，而是现实的物质发展过程。这些现实的生产活动都是人类改造世界的实践活动，而不仅仅是思想活动。马克思看到人类的发展过程不仅仅是思想的过程，更是以物质力量作用于物质世界的实践过程。思想也是形成于劳动实践中，并且在实践中个人在现实的物质生产中形成的相互关系是现实的物质关系。由基本的物质生产活动决定人与人之间的物质利益关系形成人与人之间基本的社会关系。人们所进行的生产活动最终是为了基本的物质生产，也是为了最基本的物质利益。

这样的物质生产活动以及相应的物质利益关系是人类一切活动的出发点。一切政治活动、宗教活动以及思想活动都由物质生产活动所决定的，并统一于物质利益生产。人们进行各种物质生产活动，在生产过程中结成相互关系，特别是物质利益关系。每一时代具体的生产活动决定了该时代的人们建立什么样的生产关系，人们之间的物质利益关系处于基础地位，决定人与人之间形成的其他的社会关系。一旦人与人之间形成的社会关系阻碍物质利益的取得，人们就要求打破已建立的各种关系，重新建立符合各自利益生产的社会关系。生产力与生产关系的这种矛盾运动就是人类社会发展的基本动力，生产关系必然要符合生产力的发展状况也是人类历史发展的基本规律。

从现实的物质生产实践出发，马克思找到理解人类历史发展最根本的线索。这样马克思就剥开一切表面的现象发现了人类历史最本质的活动以及最基本的关系。所谓政治活动以及宗教活动一定是为相关的利益主体服务的，反映的是一定阶级、阶层的利益关系。这样，马克思就能找到一切历史现象的最终动力，并能够科学预见人类社会的发展方向。从现实的物质生产实践出发，马克思发现包括人自身在内的一切历史现象都是在实践过程中产生、发展并不断走向完善。物质生产实践是最基本的实践活动，贯穿人类社会发展过程始终。人类历史发展的各个阶段都伴随有不同的实践活动，这些实践活动构成人类历史的基本内容，也标志着人类历史发展达到的水平以及阶段，带有明显的世代时代特征。从物质生产实践出发，马克思的唯物主义历史观就同各种唯心史观区别开来。人类生产实践过程以及在过程中形成的相互关系之间的矛盾运动推动人类历史向前发展，是历史发展的最终根源。

个人连续不断的生产活动生产自己生活的同时生产了人类社会。一方面表明人类社会是现实的物质力量，一方面表明人类社会是辩证发展着的，因而马克思的唯物史观把唯物论和辩证法结合起来。

这样马克思就确立起研究人类历史的基本路径，而不是想象中的路径。马克思在这里确立起了唯物史观研究的根本前提，在以后有关历史发展的论述中都要回到物质生产中寻找答案，而且也只有从现实的物质生产出发才能说明人类社会的变化发展的原因。

最后，马克思发现人类历史的发展过程是主体选择和客观规律共同作用的结果。人类历史发展一方面遵循客观规律，按着一定的方向发展，另一方面历史发展进程也是主体人的能动选择。在自然界，万事万物的发展要遵循自然规律，在人类社会生活中，也要遵循人类社会发展的一般规律。生产力与生产关系、经济基础与上层建筑的矛盾运动是人类社会的一般规律。它们之间的矛盾运动推动人类社会向前发展，决定社会形态从低级向高级的发展。人类社会发展的一般规律不是臆造出来的规律，而是现实存在于客观世界的规律。"人"是现实的人，每个人都要进行的物质生产是现实的生产活动，物质生产的结果也形成不以人的意志为转移的物质力量。每一代人都处于既定的物质环境中，这样的物质前提规定了人们具体的实践方式。任何人都不能超越特定的物质条件，这些物质条件决定人类社会必然遵循一定的发展规律。

人类社会的发展历程遵循一定的客观规律，这是不以人的意志为转移的，但人类历史发展过程不能否认人的能动作用。一切历史活动的主体都是现实的人，不管人类社会存在什么样的发展规律，这些规律都只能在改造世界的活动中体现出来，这些规律都必须表现为个人的现实活动。物质生产活动是人们进行的生产活动，劳动者是发展生产力的要素之一。生产力发展表现为劳动者运用劳动工具作用劳动对象产生一定的物质结果。新的社会制度取代旧的社会制度，社会形态的更替，是生产力与生产关系相互作用的结果，但这种变革不会自行实现，必须依靠人民群众才能实现。人民群众是社会革命的主要力量。人类社会的发展是主体遵循客观规律的能动选择，一方面历史发展按照不以人的意志为转移的方向发展，另一方面历史发展进程总是表现为主体的能动选择。

马克思恩格斯从现实的人以及物质生产活动出发提出科学唯物史观，同唯心主义的历史观区别开来。马克思唯物史观克服其他历史观的缺陷，一是引入实践的观点，同唯心史观划清了界限，二是引入辩证的观点，同旧唯物主义划清了界限。马克思主义的唯物史观引入实践的观点，把历史发展看成是现实的发展过程；马克思科学的唯物史观还引入辩证的观点，把人类历史发展看作是连续的发展过程。马克思所提出的科学的唯物史观是从现实的前提出发引入实践的观点以及辩证的观点。马克思从现实的人以及物质生产出发发现人类社会在本质上是实践的。实践产生现存的物质世界，实践是连续不断的物质活动，因而实践使各个历史时代联系为一个辩证发展的过程。唯心史观把历史的发展看作是精神发展史，把意识看作是历史发展的推动力。唯心主义者没有看到现实的人，更没有看到个人改造世界的现实活动，因而没有把人类历史看作是现实的发展过程。唯心史观看到了历史发展的连续性，认识到历史发展是一个辩证的发展链条，但是也陷入了唯心主义的漩涡。把这种前后相继的发展看作是意识的自我发展。个人现实的活动在唯心主义者那里也变成了意识的自我规定，历史的最终推动力在唯心主义者那里不是物质的生产活动，而是意识活动。所以，马克思说德国哲学从天国降到人间；和它相反，这里我们是从人间升到天国。马克思的唯物史观立足于现实的实践活动，对于人类社会产生的一切现象都从基础的物质生产实践出发阐明，因而能找到历史发展的根源，对人类历史作出科学的说明。

参考文献

1. 《马克思恩格斯选集》第 1 卷，人民出版社 1995 年版。

2. 《马克思主义基本原理概论》，高等教育出版社 2010 年版。

3. 广松涉编注：《文献学语境中的〈德意志意识形态〉》，彭曦译，南京大学出版社 2005 年版。

4. 马克思：《1844 年经济学哲学手稿》，人民出版社 2000 年版。

5. 费尔巴哈：《费尔巴哈哲学著作选集》上、下卷，商务印书馆 1984 年版。

6. 康德：《纯粹理性批判》，邓晓芒译，人民出版社 2004 年版。

7. 康德：《实践批判理性》，邓晓芒译，人民出版社 2003 年版。

8. 黑格尔：《精神现象学》上卷，贺麟、王玖兴译，商务印书馆 1979 年版。

9. 黑格尔：《法哲学原理》，范扬、张启泰译，商务印书馆 1961 年版。

10. 黑格尔：《历史哲学》，王造时译，上海书店出版社 2001 年版。

11. 梯利：《西方哲学史》，葛力译，商务印书馆1995年版。

12. 杜维明：《道、学、政——论儒家知识分子》。钱文忠、盛勤译，上海人民出版社2000年版。

13. 蒲鲁东：《贫困的哲学》第2卷，余叔通、王雪华译，商务印书馆1998年版。

14. 北京大学哲学系外国哲学史教研室编译：《西方哲学原著选读》上、下卷，商务印书馆1981年、1982年版。

15. 何兆武：《西方哲学精神》，清华大学出版社2002年版。

16. 韩立新主编：《新版〈德意志意识形态〉研究》，中国人民大学出版社2008年版。

17. 孙正聿：《马克思辩证法理论的当代反思》，人民出版社2002年版。

18. 张一兵：《回到马克思》，江苏人民出版社1999年版。

19. 邓晓芒：《黑格尔辩证法讲演录》，北京大学出版社2005年版。

20. 高清海：《马克思主义哲学名著评介》，吉林大学出版社1989版。

21. 李成旺：《〈德意志意识形〉导读》，中国民主法制出版社2012年版。

22. 唐正东：《斯密到马克思》，南京大学出版社2002年版。

23. 安启念：《新编马克思主义哲学发展史》，中国人民大学出版社2004年版。